東大理三に3男1女を合格させた母親が教える

# 東大に入るお金と時間の使い方

佐藤亮子

ダイヤモンド社

# わが家の4きょうだい

## 長男
（しんちゃん）

1991年生まれ。１歳半で公文式、３歳でバイオリン、４歳でスイミングを始め、小３で中学受験塾・浜学園に通い始める。2004年灘中学合格。2011年東大理科三類に合格。きっちりとした冷静・堅実な性格で、弟と妹から慕われ、信頼されている。中学受験までは母親がサポートしたものの、灘中に進学してからは自分で計画を立て、なんでも自分でやったので、４人きょうだいでいちばん手がかからなかった。灘中から東大までサッカー部に所属。現在は医師として活躍。

## 次男
（みいちゃん）

1993年生まれ。生後８カ月で公文式、３歳でバイオリン、４歳でスイミングを始め、小３で浜学園に通い始める。2005年灘中学合格。2011年東大理科三類に合格。積極的で明るく、話上手。灘高校の同級生とコンビを組んで、文化祭で漫才を披露し、『M-1グランプリ』予選にも出場した。思いやりが深く面倒見もよく、人のために行動するのをいとわないタイプ。面白いことが好きだということもあり、暗記は必ず語呂合わせで覚えた。東大では野球部に所属。現在は医師として活躍。

## 佐藤亮子ママ

## 長女（まあちゃん）

1998年生まれ。１歳半で公文式、３歳でバイオリン、４歳でスイミング、小１でピアノを始め、小１の２月から浜学園に通い始める。2011年洛南高校附属中学合格。2017年東大理科三類合格。真面目で素直、のんびりとした優しい性格。シャンプーや文房具の収集に凝ったりする一面も。頑張るところは手を抜かず、集中してやるタイプ。女の子なので体力的なことを考えて、公文式も東大受験で通った塾「鉄緑会」も、兄たちより早めに通い始めた。現在、東大医学部在学中。中学のときと同じく水泳部に所属。

## 三男（かずちゃん）

1995年生まれ。１歳半で公文式、３歳でバイオリン、４歳でスイミングを始め、小３で浜学園に通い始める。2007年灘中学合格。2013年東大理科三類に合格。マイペースでこだわりが強く、じっくりと時間をかけて考えるタイプ。中学時代は卓球部に所属。灘中受験では母親考案の過去問徹底反復法とキッチンタイマーを使った「１教科15分の短時間集中勉強法」を実践した（124ページで紹介）。東大ではアメリカンフットボール部に所属。現在、研修医として研鑽を積んでいる。

## 東大理三合格までの3男1女の年表

| | 長男（医師） | 次男（医師） | 三男（研修医） | 長女（医学生） |
|---|---|---|---|---|
| 1991年 | 誕生 | | | |
| 1992年 | | | | |
| 1993年 | 公文式に通い始める | 誕生 | | |
| 1994年 | バイオリンを始める | 公文式に通い始める | | |
| 1995年 | スイミングを始める | | 誕生 | |
| 1996年 | | バイオリンを始める | 公文式に通い始める | |
| 1997年 | | スイミングを始める | | |
| 1998年 | 小学校入学 | | バイオリンを始める | 誕生 |
| 1999年 | | 小学校入学 | スイミングを始める | 公文式に通い始める |
| 2000年 | | | | |
| 2001年 | 浜学園に通い始める | | 小学校入学 | バイオリンを始める |
| 2002年 | | 浜学園に通い始める | | スイミングを始める |
| 2003年 | | | | |
| 2004年 | 灘中学入学 | | 浜学園に通い始める | |
| 2005年 | | 灘中学入学 | | 小学校入学<br>（ピアノを始める） |
| 2006年 | | | | 浜学園に通い始める |
| 2007年 | 灘高校入学<br>（鉄緑会に通い始める） | 鉄緑会に通い始める | 灘中学入学 | |
| 2008年 | | 灘高校入学 | | |
| 2009年 | | | 鉄緑会に通い始める | |
| 2010年 | | | 灘高校入学 | |
| 2011年 | 東大理三入学 | 東大理三入学 | | 洛南中学入学<br>（鉄緑会に通い始める） |
| 2012年 | | | | |
| 2013年 | | | 東大理三入学 | |
| 2014年 | | | | 洛南高校入学 |
| 2015年 | | | | |
| 2016年 | | | | |
| 2017年 | 研修医になる | 研修医になる | | 東大理三入学 |
| 2018年 | | | | |
| 2019年 | 整形外科医になる | 内科医になる | | |
| 2020年 | | | 研修医になる | |

# はじめに

「お金」とは、とても不思議なものです。お金をたくさん持っているとか、持っていないとかいいますが、それは一体どのくらいの金額が基準なのでしょうか？
「○○円」以上持っているとお金持ちで、「△△円」以下はそうでない、などと明確には線引きできませんよね？
そう単純に価値判断できないところに、「お金」というものの難しさがあります。
お金には、お金に対する「人の考え方」が紐づきます。また、お金に対する考え方は、「お金の使い方」に如実に現れます。しかも、その人の「育ち」「教養」「品性」「人間性」といったことさえ垣間見えるのです。お金についての考え方や使い方は、「人そのもの」といえるかもしれません。

子育てにかかるお金の考え方や使い方も同じです。とくに「教育費」を「いつ」「どのように」「どれくらい」使うかは、親の考え方が大きく影響します。

しかも教育費は、親の収入にかなり関係してきますから、なかなか難しいところです。お金は天から降ってはきませんから、行きあたりばったりの「出たとこ勝負」で教育費を捻出しようとすると、家計が破綻することにもなりかねません。

**大学入学までの教育費は、「0歳～3歳」「4歳～6歳」「小1～小3」「小4～小6」「中1～中3」「高1～高3」と6段階で考えるとわかりやすいです。**

限りあるお金を「いつ」(どの段階で)「どのように」「どれくらい」使うかを戦略的に考えなければいけません。

いまは「受験」抜きの子育ては考えられない時代です。その受験の選択肢は、「幼稚園受験」「小学校受験」「中学受験」「高校受験」「大学受験」と5つあります。

どの受験を選ぶかによっても「いつ」(どの段階で)「どのように」「どれくらい」の教育費を使うかは違います。

どの受験を選ぶかは、基本的に親が決めることになりますが、住んでいる地域の学校によって選び方は違ってきます。奈良に住むわが家の場合、3男1女の子ども4人全員に「中学受験」と「大学受験」を選びました。

周りの雰囲気にのまれて、「うちも中学受験しようかな」などと思いつきで始めても遅いということになります。

受験は、「出遅れて間に合わなかった」というのがいちばん怖いのです。中学受験をするとなると、いまは小3から塾通いを始めて準備するケースが多くなっています。

塾によっては小1からクラスが満員になってしまい、自宅近くの教室に入れたくてもできないというケースすら出てきています。

出遅れないようにするには、教育費を「いつ」（どの段階で）「どのように」「どれくらい」使うかを親が戦略的に考えておく必要があるのです。

私は子どもたちの大学受験をひと区切りと考えて、生まれてから18年間、勉強を全力でサポートすると決めていました。

子どもたちと一緒に過ごせる限られた18年間には、教育費を惜しまずかけたいと考え、親の生活は二の次で、お金も時間も子どもを最優先することにしたのです。

いま、息子たちは社会人となり、長女は大学で学んでいますが、「ママは、教育費は惜しまなかったよね」と感謝してくれているようです。

私は子どもが生まれてから大学受験するまでの18年間、絵本の購入、習い事、中学受験塾・大学受験塾の費用、中高一貫校の授業料、参考書・問題集の購入などの教育費には、できる限りのお金を使ってきました。

私に教育を任せて見守ってくれていた主人には、「自己破産だけはしないでよ」なんていわれていたくらいです。

この本では、私自身が限りあるお金を「いつ」（どの段階で）「どのように」「どれくらい」使ってきたのかを、反省も含めてお伝えしたいと思います。

私が子育てをしていたころから年月を経ましたので、いま子育てをされている方々へ、新しい情報や考え方を紹介しながら話を進めていきたいと思います。

みなさんが自信を持って子育てするヒントを見つけてくだされば、著者としてこの上ない幸せです。では、始めましょう！

目次



Contents

## 第1章 0歳から教育費を惜しまない

## 第2章 3歳までの基礎づくりにお金と時間を使う

# 第3章 勉強以外に芸術や運動にも投資する

## 第4章 3兄弟は小3から、長女は小1から中学受験塾に通わせた

## 第5章 高校時代は3つの塾にトリプルで通わせた

## 第6章 受験にかかる費用は惜しまない

## 第7章 お弁当も家庭料理も素材から手づくり

# 終章
# 教えて佐藤ママ！ お金と時間のQ&A

# 序章

# 親の出費は二の次で
# お金も時間も
# 惜しまない

# 1 子育ての最終目標を掲げる

**私には子育ての最終目標がありました。それは「わが子が自分でお金を稼いで、自分の力でしっかり生活できる人間に育てること」です。**

子どもたちが自分で選んだ仕事でお金を稼いで「自活」できる人間に育てたいと思っていたのです。

社会に出たら、ずっと仕事を続けるわけですから、親としては子どもが納得のいく仕事を選んで欲しい。そのための選択肢は広ければ広いほどいい。ある仕事を選びたくても、その仕事に必要な資格や企業の採用基準をクリアしていなければ、門前払いとなってしまいます。

わが子が将来、やりたい仕事を諦めざるを得ないようなことは避けたいので、私は子どもの「将来の選択肢を増やす」ことを念頭に置きながら子育てをしました。

将来の選択肢を増やすといっても、わが子になにが合っていて、なにが得意なのかなんて、親でもわかりません。子育てをするなかで長男の得意なことがわかっても、同じように下の子が得意とも限らないのです。

何事もやってみないと、わからないことだらけです。だから、とりあえずいろんなことをやってみようと思いました。

誰しも無駄なことはしたくないですし、無駄なお金は使いたくないでしょう。しかし、無駄を避けることばかり意識しすぎると、子育てでは身動きがとれなくなります。

「損するかもしれないけど、とりあえずやってみる」という割り切りが、とても大切なのです。

POINT

**損するかもしれないけれど「とりあえず」やってみましょう**

# 2 いいとこどりするつもりで習い事をさせる

私が長男を妊娠していたとき、書店の育児本コーナーに行ってみると、早期教育をすすめる本もあれば、逆に早期教育の弊害に関する本もありました。

何十冊も買って読んでみたのですが、なかなか自分の意見が定まらず、「果たしてわが子はどのように育てるべきなのだろうか？」と自問自答をくり返していました。

私は大分県出身ですが、地域や時代的な環境から幼児教室などには通いませんでしたから、実体験もなく、すぐには結論が出せなかったのです。

調べてみると、幼児教室の月謝はけっこうなお値段で「まだ物心もついていない幼い子に、こんなに高い月謝を毎月払う意味なんてあるんだろうか？」とも考えました。

しかも、それぞれの幼児教室には特色があるため、いったいなにがいいのか、考えれば考えるほどわからなくなったのです。

そこで主人に相談してみたところ、「いいとこどりするつもりで、とりあえず気楽に考えて、気に入ったことをやらせてみたら？」といってくれたのです。

私は「なるほど～」と納得するとともに、気持ちがとても楽になりました。まさに目からウロコが落ちたような感覚になったのです。

どんなに立派な教育法であっても、子どもにやらせてみないことには、合うも合わないもわかりません。

ピッタリ合うかもしれないし、まったく合わないかもしれないのです。

とりあえず、やらせてみて初めて「合っている」「合っていない」がわかるのですから、やる前から「合わなかったらお金が無駄になる」とは考えないようにしたのです。

POINT

**とりあえず気楽に考えて一歩踏み出してみましょう**

## 3 ためらわず、とりあえずやってみる

幼少期の習い事は目先の成果を求めすぎず、「将来への投資」と考えることが大事です。幼少期の習い事は、「その後の土台づくり」の効果が大きいからです。

目先の成果だけ求めてしまうと無駄に思えることでも、もう少し大きく育って、小学生になってからじわじわと活きてくることだってあります。

ただ考えているだけではなにも始まりませんし、お金を惜しんでいたら時間ばかりが過ぎてしまいます。

私は習い事に限らず本を選ぶにしても、どれにしようかと悩んでいる時間は無駄な気がして、もったいないと思っていました。「悩む時間」というのは思いのほか長くなりがちで、そのような時間はもっと有効に使ったほうがいいと思うのです。

なんでもやってみないと、いいも悪いも判断できません。親が自分で調べて、わが子にいいだろうと思ったものは、ためらわず、とりあえずやってみることです。

わが家の4人の子どもたちには、「勉強系」「運動系」「芸術系」の3分野で、私がいいと思った習い事をさせてみました。

もちろん、芸術や運動でプロとして食べていくには、相当な才能や運が必要です。とりあえず芸術系と運動系をやらせてみて、ずば抜けた才能やセンスがありそうだったら、そこに集中的にお金と時間をかけてみるという選択肢も生まれるかもしれません。

とはいえ、ほとんどの子どもは、芸術や運動の分野でそれほどの能力を持ち合わせていないでしょうから、結局は勉強系を頑張らせて現実的な道を選択するということになると思います。

だからこそ私は、人生の土台となる「基礎学力」を早期からしっかり身につけさせることを重視したのです。

POINT

**「勉強系」「芸術系」「運動系」の3分野を習わせてみましょう**

## 4 1歳前後から幼児教室通い

私は「自活できる子に育てる」という最終目標を達成するためにも、大学受験をする18歳までに、いかに基礎学力を固めるかが重要だと考えました。

そのための土台になるのは、0歳からの幼児教育です。

私は4人の子どもたちを、多少の年齢差はありますが、まだ物心つかない1歳前後から「公文式」の幼児教室に通わせました（詳しくは後述します）。

**まだ物心も、なんの分別もついていない幼児期こそ、机に向かって勉強するという「学習習慣」を身につけさせる絶好の機会なのです。**

学習習慣は基礎学力を高めるための重要な土台となってくれます。その学習習慣を身につけさせるのは、幼ければ幼いほど、親も子もラクなのです。

これが小学校に入ってからだと、通学や授業、テスト、行事などに忙しくなって、学習習慣がなかなか身につけられなくなります。しかも、いまはYouTubeやLINE、

TikTok、Switchなど、勉強以外に楽しいことがたくさんあって気をとられますから、学習習慣を身につけさせるには「時すでに遅し」となりかねません。

**幼児教室に通わせるとしても、月謝を払っているからといって教室に丸投げするというのでは、子どもの成長は限られます。月謝のコスパを上げるためにも、徹底した親のサポートが欠かせません。**

幼いころからの徹底した親のサポートは、子どもの「コミュニケーション能力」を育むことにもつながります。ＡＩ（人工知能）に代替されない人材になるためには、人間ならではのコミュニケーション能力が重要だといわれていますが、そんなことは何年も前から大切だったことです。

だからこそ、できるだけ早めに学習習慣を身につけさせつつ、親が徹底的にサポートすることで、親子の交流を深めながらコミュニケーション能力を高めるのです。

**POINT**

**徹底的に子どもをサポートして習い事のコスパを高めましょう**

## 5 情報収集にお金を使う

私は文化を継承する匠の技を持つ「職人」と呼ばれる方々を尊敬していて、昔からなにかの「職人」になれたらいいなと思っていました。

伝統工芸とのご縁こそなかったのですが、**私は主婦として一生懸命に子育てをすることで〝子育て職人〟になろうと思ったのです。**

子どもが生まれてから高校を卒業するまでの18年間は、長いように感じるかもしれません。しかし、日々成長する子どもを全力でサポートしていると、18年間はあっという間です。

最初から親のサポートがうまくいかなくても、気にしないでください。子育ては試行錯誤の連続なのですから、自分でしっかり考えて失敗したことなら、前向きな経験として活きてきます。

お金もかけたぶんが全部、効果を得られるわけではありません。「無駄になったかな?」と思うこともありますが、そこは気にしないで前に進んでください。

まずは情報を収集し、精査して、信念を持って「やる!」と決めたことをやってみましょう。自分でやり方を工夫したり、アレンジを加えたりすると、楽しくなります。

**親が子育てで不安を感じるのは、なにかを決めるときにリサーチ不足で、具体的に把握できていないことが原因。不安の源は、いわば親の不勉強なのです。**

ただし、インターネット、テレビ、本、雑誌、新聞、ママ友の口コミなどから多面的に情報を集めつつも、それらを自分のフィルターを通して「自分なりの意見を持つ」ということが大事です。

親が自分で情報を判断することができるように、あらゆる情報収集にお金を使って欲しいと思います。

誰かがいっていたから(誰かにいわれたから)と、他人がいうことを鵜呑みにして、うまくいかなかったら他人のせいにするのではなく、わが子になにが必要かを「自己責任」でしっかりと考えましょう。

スマホがあればいろんな情報を得られますが、それをやるかやらないかは、親が信念を持って決めるべきです。

私も本や口コミでいろんな情報を集めましたが、他人の意見は参考程度にとどめて、自己責任で判断することを心がけてきました。

POINT

**他人の意見ではなく、自分の考えで教育費を使いましょう**

# 第1章

# 0歳から
# 教育費を惜しまない

## 6 あらゆる教育を一歩先に始める

私は大学卒業後、結婚するまで高校で教師をしていました。その経験から、子どもの教育には、家庭環境がとても大事だと痛感していました。教師がどんなに熱心に授業をして宿題を出しても、家庭で勉強しなければ学力は伸びないからです。

私は結婚して長男を妊娠したとき、生まれてくるわが子の未来のため、家庭教育をしっかりやろうと思いました。そのためにお金も時間も惜しまず、子どもの勉強を徹底的にサポートしようと決意したのです。

お金は未来のある子どもにかけるだけかけて、親は残ったお金で生きていけばいいというくらいの覚悟でした。

あとになって「あれはもう少し早めに始めておけばよかった」などと後悔したくないので、あらゆる教育を早めに始める方針を立てました。

4人の子どもたちには、0歳から絵本を読み聞かせ、童謡を歌い、1歳前後から公文式の幼児教室に通わせました。3歳からバイオリン、4歳からスイミングを習わせ、長女だけ本人が習いたいといったので小1からピアノを加えて習わせました。

中学受験をするため、息子たち3人は小3の2月から、長女は小1の2月から中学受験塾に通わせました。長女だけ早めに始めたのは、本人が兄たちを見ていて自発的に行きたいといったからです。

ふつうより早めに習い事を始めると、幼いだけに最初はなかなか成果を感じられず、お金を無駄遣いしたような気になるかもしれません。

実際、「早すぎる習い事はお金の無駄でしょう」とおっしゃるお母さんもいます。でも私自身は、すぐに成果を得ようとしなくてもいいと思うのです。

**私は子どもに苦痛を与えないように、「習い事の最初の数カ月間は準備期間」と考えていました。**

最初は習い事に「通うことに慣れる」だけでいい。その次に習い事を「やることに慣れる」。幼い子どもにとっては「学習習慣」を身につけるための立派なステップになりますし、実際に中学受験・大学受験へとつながる土台づくりになったと思います。

最初はなかなか成果が見えてこないので、傍から見れば「なんのためにお金を払って通わせてるの？」「無駄じゃない？」と思われるような日々だったかもしれません。

でも、それはまだ幼い子どもの日常に習い事を少しずつ慣れさせるために、お金と時間を使っているのだと考えました。

そのようなお金の使い方を無駄に思う人もいるかもしれません。しかし、少なくともわが家の4人の子どもたちは、「習い事に行くのがイヤだ」「習い事をするのがイヤだ」と駄々をこねることは一度もありませんでした。

それは、はじめにお金と時間をゆっくりと使ったからだと思います。結局は、それぞれの習い事の目標を達成するまで続けられたので、私の判断は間違っていなかったと思っています。

POINT

**お金の無駄に思えてもまずは続けてみましょう**

# 7 妊娠中に小学校の教科書を全学年・全教科購入

私は長男を妊娠中、生まれてくる子どもの勉強をサポートするためにも、小学校の教科書に目を通しておこうと思って、小学校6年間の全教科の教科書を書店に注文して取り寄せました。

教科書は学校から配布されるものだと思っている人は多いと思いますが、教科書は誰でも購入できます。教科書を販売している書店は、「地名」と「教科書販売」でキーワード検索すれば簡単に見つかります。

**子どもが生まれてからは、子育てに忙しい日々を送ることになりますから、第1子妊娠中に小学校の教科書に目を通しておくことをおすすめします。**

およそ6年後に小学校へ入学することは決まっているのですから、早め早めに心構えしておくことが、その後かなり役立つのです。

とくに現在の教科書はカラー刷りで、とてもよくできた内容です。大人が読んでも楽しめるので、ぜひ一度目を通してみてください。

私が教科書を購入したころは、1冊数百円とそれほど高価ではなかったため、小学校6年間の全教科の教科書を買っても1万円はしなかったと記憶しています。大きな段ボールで小1から小6までの全学年・全教科の教科書が届いたとき、請求書の金額を見て安いことに驚きました。

現在の教科書は上下巻に分かれているものも少なくなく、価格がやや高くなっています。230ページから「一般社団法人教科書協会」が公表している「令和2年度使用教科書定価表」を掲載しますので、ぜひ購入して読んでみてください。

前もって小学校の教科書を読んでおくことは、子育ての方針を考えることにも役立ちますから、本当におすすめです。

**子どもが小学校に入学してからは、国語の教科書を絵本感覚で楽しそうに読んであげました。そうすると子どもが国語の教科書を「楽しい」と感じられるのです。**

絵本に比べると、国語の教科書はいろいろな種類の話が載っているので、良質な読み物として割安でコスパに優れているともいえます。

国語の教科書に出てくるトピックを、子どもと一緒に楽しみながら調べることも、いい勉強になりました。

童話作家である新美南吉の『ごんぎつね』を読んだら「キツネ」を、モンゴルの民話『スーホの白い馬』を読んだら物語に登場する弦楽器「馬頭琴」を調べました。教科書の内容をリアルに結びつけることが、面白くするコツです。

いまならスマホで検索すれば、画像や動画までたどれますから、より教科書を楽しめますし、記憶も定着しやすいでしょう。

理科や社会の教科書でも、出てきたトピックをスマホで検索すれば、楽しみながら記憶に残りやすくなりますし、なにより勉強のモチベーションが高まります。

**POINT**

**なるべく早く小学校の教科書を買って読んでみましょう**

# 8 3歳までに絵本1万冊・童謡1万曲を読み歌い

子どもたちが幼いころは、公文式の幼児教室に通わせただけでなく、公文式の市販の教材も自宅でかなり活用していました。

そのきっかけは、長男が生後6カ月のときに、初めて公文式の教室に見学に行ったときのことです。

「歌二百、読み聞かせ一万、賢い子」というスローガンを目にしました。

「3歳までに童謡を200曲歌い、絵本を1万冊読み聞かせると、賢い子になる」という意味だと説明してもらい、私も実行しようとその場で決心したのです。

読み聞かせ「1万」という数字のインパクトが大きすぎて、うたも1万曲だと思い込んでしまい、その後、子ども4人全員に、3歳までに童謡1万曲を歌い、絵本1万冊を読み聞かせました。

「1万」という途方もない冊数と曲数をやり遂げるには、なんとなくでは達成できません。毎日の「ノルマ」を明確にしておかなければなりませんでした。

**そのとき長男は生後6カ月でしたから、3歳まで残る期間は2年半。1万を3歳までの日数で日割り計算して、1日のノルマを算出しました。最初は多めにこなすつもりで「1日15冊・15曲」に決めたのです。**

絵本の読み聞かせが1日15冊というのは多いと思われるかもしれませんが、赤ちゃん向けの絵本は文字数がとても少ないので、すぐに読めてしまいます。

子どもがもう少し大きくなって話せるようになってからは、面白いと思ったら「もう1回読んで〜」とせがんできます。そうして同じ本を2回読んだら、「2冊」とカウントしました。

そうやって毎日のノルマをこなしていって、1万冊達成の目途がたってきたところで、1日10冊くらいにペースダウン。赤ちゃん向けの絵本に比べると、幼児向けの絵本は文字数が少し多くなるので、赤ちゃん向けの絵本で冊数を稼いでおくのがコツです。

累計冊数をラクに増やせるので、私のモチベーションもアップしました。

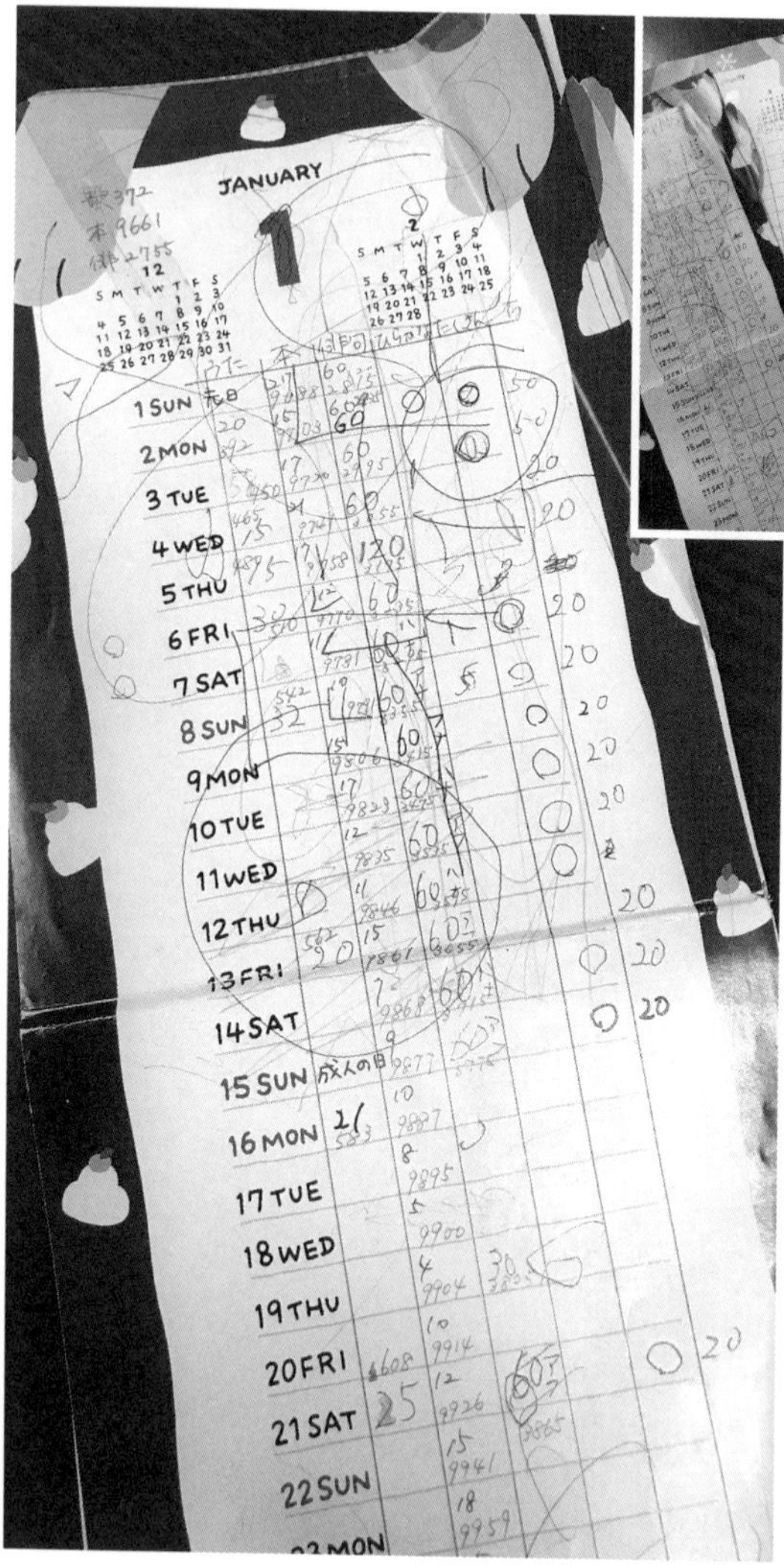

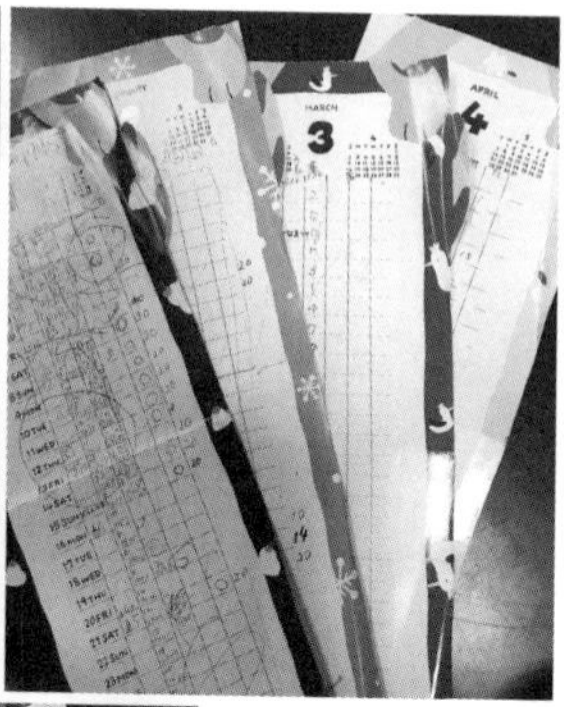

絵本の読み聞かせ、童謡の歌い聞かせのために、毎日の冊数・曲数を書き込んでいたカレンダー

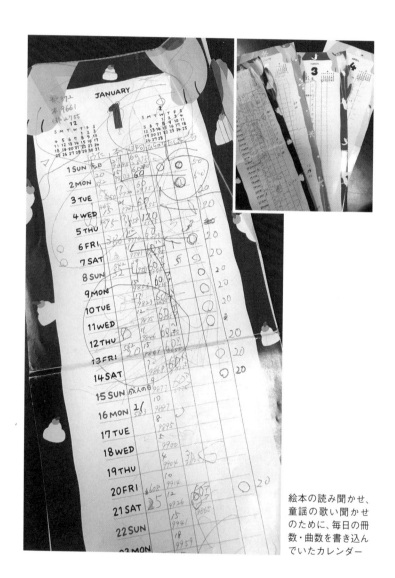

毎日読んだ冊数、歌った曲数を記入するため、1カ月が1枚になった縦に細長いカレンダー（子どもが増えてからは1人1部ずつ）を用意しました。その日に読んだ「絵本冊数」「累計冊数」、歌った「童謡曲数」「累計曲数」をカレンダーに毎日記入したのです。

このほか、とくに目標は設定しませんでしたが、「くもんのカード」シリーズの「俳句カード」「ひらがなカード」「たしざんカード」も、読んであげた日には、数字や○を記入しました。俳句は「五七五」で短いため、読むのがとてもラクでした。

そうやって日々少しずつ累計数が増えてくると、貯金がちょっとずつ貯まっていくような感覚で充実感があり、書き込むのが楽しかったです。

このように〝小さな達成感〟を日々味わうようにすると、モチベーションが維持されやすいです。

**POINT**

**毎日ノルマを決めて読み聞かせ（歌い聞かせ）してみましょう**

# 9 妊娠中に童謡集を購入

妊娠中に小学校の教科書を取り寄せて、小1から小6まで全学年の音楽の教科書に目を通したとき、かつて掲載されていた多くの童謡が消えていることに、とてもショックを受けました。

そこで、「学校で教えないのなら、私が幼いときに母から童謡を歌ってもらったように、子どもが生まれたら私が歌ってあげよう」と決心しました。

私は生まれてくる子どもに童謡を歌い聞かせるため、まずは市販のカセットテープ付き（当時はＣＤでもＤＶＤでもなくカセットテープでした）の童謡集をいくつか買ってみたのです。

その後、長男が生後６カ月のとき、公文式の幼児教室を見学した際に目にした童謡のカセットテープと歌詞カードを思い出して、それを買ってみました（現在は「くもんのカード」シリーズ「ＣＤ付き童謡カード」１集～３集まで各税込１９８０円）。

その歌詞カードを見ながら、長男に歌い聞かせるようになったのですが、歌詞カードの文字の大きさがほどよく、絵のテイストや色合いなども子どもが興味を抱きやすくて、とてもよくできていました。

**歌詞カードの角が丸くて安全に使いやすく、さらに分厚くて頑丈でもあり、長男のために購入したものを4人きょうだい全員で使いました。**

歌詞カードは全部そろえると多少高くなりますが、しっかりとした質の紙でつくられているので、きょうだい全員が使っても破れることなく使い続けられました。

質の悪いものを何度も買い換えるより、やはり上質のものを買って使い続けたほうが、結局はお得だと思います。

**童謡の歌い聞かせは、カセットテープやCDを流しただけの数はカウントせず、「親が歌い聞かせる」ことにこだわりました。**

毎日、絵本と同じくらいの数の童謡を歌っていましたが、歌い終わったら歌詞カードをプラスチックのケースに入れることでカウント。歌詞カードがない童謡を歌うこともありましたが、そんなときは歌詞カードを手づくりしました。
厚めの画用紙を用意して、公文式の歌詞カードと同じ大きさに切り、表側に私が絵を描き、裏側に歌詞を手書きして、それを歌い聞かせてカウントしていたのです。

POINT

**多少高くても良質なものを買って使い続けましょう**

# 10
# 3歳までにジグソーパズル100ピースを達成

「くもんのカード」シリーズには「童謡カード」以外にも、ひらがな、カタカナ、漢字、恐竜、俳句、百人一首、世界の国旗など、さまざまなジャンルのカードが市販されており（現在のカードのバリエーションは77種類）、私はたくさんの種類を購入して活用していました。

親子で楽しみながらできるので、早期教育にはもってこいでした。現在の価格でいうと1000円前後から高いものでも「CD付き童謡カード」の1980円（税込）と手ごろで、わが家では4人きょうだい全員で活用しました。

**私が実際に使ってみて特によかったのは、有名な俳句が書かれた「俳句カード」です。**

絵本と童謡以外に、「俳句カード」の俳句も読んでいたのですが、その後小学生になって中学受験塾・浜学園に通うようになると、国語のテストに私が読んだ俳句がたくさん出題されてびっくりしました。

そうした俳句は幼少期の読み聞かせの体験とともに脳に深く記憶されていますから、テストにも役立ったのです。幼いときに親子で美しい日本語に触れておくことは、子どもの個性や情緒、道徳心を養う情操教育としても立派に役立ったと思います。

そうしたカード類のほかに「くもんのジグソーパズル」も活用しました。

たった2ピースしかない幼児用のいちばん簡単なジグソーパズルから始めて、次第にピース数を増やしていきました。

気に入った絵柄のものを買って、子どもと一緒に遊んだのです。

ジグソーパズルは集中力と根気が鍛えられ、その後の学習習慣の土台になったと思います。また、それぞれのピースを指でつまんで遊ぶことで、手先が器用になる効果もありました。

現在の「くもんのジグソーパズル」シリーズは、「STEP0 はじめてのパズルはめ絵」からだんだんピース数が増えて、「ステップ7 くらべてみよう！世界の電車・列車」では、204ピースと234ピースのパズルがセットになっています。

どのパズルも価格は2530円（税込）です。

ちょっと高いと感じるかもしれませんが、これも丈夫なつくりで、わが家では4人きょうだい全員で使えたので、結果としてお得な学習ツールになったと思います。

いまはないようですが、長男が1歳だったころは、「3歳までに100ピース以上のジグソーパズルができたら東大に行ける」と公文式の教室でいわれていました。

**当時はわが子を東大に入れようとはまったく意識していませんでしたが、パズルも面白そうなので、「3歳までに絵本1万冊、童謡1万曲」という目標に加え、「3歳までに100ピース」にもチャレンジしてみることにしました。**

長男はピース数が多いものにどんどんステップアップして、3歳までに100ピースを達成しました。もっとも、100ピースを意識したのは長男だけで、下の子たちは「まあできるようになるだろう」と考えて、ただパズルを楽しむことにしました。

お風呂の壁には、くもん出版の日本地図を貼っていました。お風呂に毎日一緒に入って、「ここが私たちが住んでいる奈良県だよ。周りには海がないね」などと指で差しながら教えていたため、2〜3歳ごろには「ここは○○県」と指を差しながらいえるようになりました。

各種カードもジグソーパズルも地図も、「将来の受験のため」ということではなく、あくまで「子どもと楽しく遊びながら学びになれば」と思ってのことでしたが、結果として中学受験のときにかなり役立ちました。

POINT

**市販の公文式の教材を活用してみましょう**

# 11 絵本を500冊以上購入

読み聞かせの絵本は、「くもんのすいせん図書」を参考にしました。

乳・幼児向けの絵本は、読みやすいものから深い内容へと４つにグレード分けされています。各グレード50冊で計２００冊あるのですが、私はすべてまとめ買いしました。絵本は１冊１０００円程度だったと記憶していますから、全部で20万円くらいだったと思います。

実際に読み聞かせしたところ内容がよかったので、その後も小１と小２のグレードのくもんのすいせん図書を１００冊まとめ買いしました。

まとめて買うと高価なのでちょっとためらいましたが、結局は０歳児から小２までのすいせん図書を３００冊買いそろえたことになります。

**このほかにも、シリーズものや好きな作家の絵本なども購入したため、合わせると5**

## 00冊以上の絵本を購入しました。

そんな私の姿を見ていた主人は、「いっぱい買っているね」なんていっていましたが、これも結局は4人きょうだい全員で十分に活用できました。

幼いころからの読書習慣は、小中高の勉強に役立つことはもちろん、生涯にわたっての教養や知恵を得る土台になることでもありますから、お金を惜しむことはないと思います。

くもんのすいせん図書のラインナップは毎年更新されており、ネットで無料公開されていますから、ぜひ参考にしてみてください。

(アドレスは、https://www.kumon.ne.jp/dokusho/pdf/suisen.pdf)

### 「くもんのすいせん図書」とは?

「古今東西の優れた図書の中から、子ども達に人気が高く、内容的にも優れている本から650冊を選りすぐったもので、読みやすいものから深い内容の本へと5A~Iの13段階に分け、さらに各段階ごとに50冊の本を配列したものです。5A~2Aは乳・幼児、A~Cは低学年、D~Fは高学年、G~Iは中学以上を、年齢のおおよその目安にしています。子ども達に人気が高い本ということでは、子ども達が選んだ本のリストともいえるでしょう。」(公文式HPより)

幼い子どもたちに読書習慣を身につけさせるためには、本を手にしやすい環境づくりも大切です。

わが家では市販されている完成品の本棚ではなく、ホームセンターで本棚用の組み立て式の板を買ってきて、金具を使って背の低い上下2段の本棚をつくり、リビング隣の和室に設置しました。本棚の費用は4～5万円だったと思います。

一日の多くの時間を過ごすリビングから離れた部屋までわざわざ本をとりにいかなくてはいけない環境では、なかなか読書習慣は身につきません。

また、本棚の背が高いと子どもが自分で本を手にできません。

そのため、リビングのすぐ近くに、上下2段の背の低い本棚を設置したわけです。

こうすると、ふと本のことが頭に浮かんだ瞬間、すぐそばの本棚に手を伸ばして読めるので、読書習慣が身につきやすくなります。

**POINT**

**読書習慣を身につけさせるため絵本を買って読みましょう**

# 12 0歳から絵本を読み聞かせ

0歳から始めた絵本の読み聞かせは、その後の読書習慣の土台になったと思います。少し大きく育ってくると、絵本の登場人物の心情を読みとって共感したり、思いやりの気持ちを育めるようにもなります。

さらに小学生になってからは、文章の行間を読む「読解力」が身につく土台となり、人間性もさらに豊かにしてくれます。

絵本をたくさん読み聞かせしたことは、国語の教科書やテストの読みとりにも、大きく役立ったのではないかと思っています。

小学生、中学生、高校生になってから、国語の点数がなかなかとれないと嘆かなくてもいいように、幼いころから絵本の読み聞かせをして少しずつ読解力を育んでいくのがおすすめです。

スマホを使って簡単にインターネットの情報を得られるいま、有効な情報を自分の頭で取捨選択する力がとても重要になっています。

そのためには子どものころから調べることを面倒くさがらず、疑問に感じたらすぐに図鑑や辞書などで、「自分で調べる習慣」を身につけさせておくことが大切です。

それが文章やデータ、グラフなどを読みとる基礎学力につながります。

前述したように、わが家ではお手製の本棚を生活空間に置き、気がついたらすぐに絵本を手にできる環境を幼いころからつくっていました。

小学生になってからも、わからないことがあったら、すぐに図鑑や辞書を手にして調べる習慣へと結びついたように思います。

図鑑や辞書をひと手間もふた手間もかけて探さないと手にできない環境では、なにか疑問に思っても、なかなか自分で調べようとはしませんよね。

**横着して調べない子どもの学力は伸びませんし、「正確さ」「丁寧さ」を身につけるうえでも「自分で調べる習慣」は大事です。そのためには、身近な生活空間に本棚を置くことがいちばん効果的なのです。**

子どもは「正確に」「丁寧に」ということが、すごく苦手です。しかし、いい加減さが身について、ひらがなも漢字も適当に書いてしまうようになると困りものです。

**基礎学力をつけるうえでも、「物事を丁寧に仕上げる」ということを身につけさせるのはとても重要なのです。**

「正確さ」「丁寧さ」を常に意識するようにさせると、小学生になって漢字を書くときに「はね」「とめ」「はらい」を正確に丁寧に書くことも面倒くさがらないようになります。

**POINT**

**すぐ本に手を伸ばせるところに本棚を置きましょう**

# 13 散歩するときは植物図鑑を携帯

子どもが幼かったころ、よく一緒に散歩へ出かけていました。そのときに携帯するため、1000円くらいの手のひらサイズの植物図鑑を買って、持ち歩きました。

幼い子どもは目にするものを「これなあに?」と、何度も聞いてくる時期があります。散歩をしていてもそうです。初めてみるような小さな花の名前を聞かれるときもありました。

そんなとき、親が知っている植物ならすぐに答えられますが、わからなかった場合、「これなんていうお花だろうね~」とかいってお茶を濁しがちかもしれません。でも私は、その場でいったん立ちどまって植物図鑑をとり出し、子どもと一緒にページをめくりながら探したのです。

子どもと一緒に探すこと自体が楽しいですし、同じ花の写真を見つけたときには「あっ、これだ!」と、ちょっとした感動も生まれます。

ふと疑問に思ったそのときに横着せず、面倒くさがらずに調べることが、子どもが嫌がりがちな「正確に」「丁寧に」を身につけるいちばんの近道なのです。

**自宅には「小学館の図鑑NEOシリーズ」をそろえて、生活空間にある例の本棚に並べていました。図鑑は図書館で借りるのではなく自宅に常備して、わからないことがあったとき、すぐに調べられるようにしておいたほうがいいです。**

「わからないことは自分で調べる」という学習習慣が身につき、調べものをするのが苦にならなくなります。

自分で調べる力は、もちろん受験のときに活きてきます。幼いころから親自身が調べる姿を見せて、「調べることは面倒でない」ということを自然と刷り込んでおくことも大切なテクニックといえます。

POINT

**子どもがわからないことはその場で調べて解決しましょう**

# 14 その日に読み聞かせる絵本を食卓に積み上げておく

絵本の読み聞かせは夜、子どもを寝かせるときが多いと思います。そうすると、読み聞かせているうちに子どもが眠ってしまうことが多いですね。

それでは私自身が掲げた「1日15冊」という読み聞かせのノルマを消化できなくなってしまうので工夫が必要でした。

絵本を読み聞かせするときに、場当たり的に選んで読むのでは効率が悪く、何冊読んだのかもわからなくなりがちです。

**そこで私は毎夜、子どもが寝た後、次の日に読む絵本を選んで、食卓に積み上げておくようにしていました。**

翌日、積み上げた絵本を1冊ずつ読んでいくと、その日のノルマが少しずつ減っていく様子が目に見えるので、小さな達成感を得られる効果があります。

これが長続きするためのちょっとした工夫として、おおいに役立ったのです。

子どもが発熱して体調を崩したときなどは、予定どおりにノルマをこなせないこともありました。累計冊数を順調に積み上げていくには、そういう不測の事態に備えて、ある程度冊数の貯金（余裕）を稼いでおく必要があります。

ある程度の蓄えがあると、「いざというときに慌てなくてすむ」という貯金感覚です。

その点、子どもが寝るときに読み聞かせしていて、なかなか寝つかないときは、「これで冊数が稼げる！」という感覚になり、寝つかないことにストレスを感じることがありませんでした。

むしろ、累計冊数を稼げて「しめしめ」という感覚で、親の精神衛生上も効果的だったのです。

POINT

**成果を目に見えるようにして小さな達成感を得ましょう**

# 15 図書館で絵本をまとめて借りる

私は子育てに忙しく、書店で絵本をじっくりと選ぶ時間も余裕もなかったので、「くもんのすいせん図書」を頼りに100冊単位でまとめ買いしていたのは49ページでふれたとおりです。

このように、わが子のために「これだ！」と思ったことは、お金がかかってもとりあえず一歩踏み出しました。

お金がかかると躊躇して一歩踏み出さなかったがために、見逃してしまう子どもの伸びしろこそ、大きな損失だと思っていたからです。

そう思ってまとめ買いした絵本を何回も何回も読んでいるうち、私も目が肥えてきて、どういう絵本がいいのかわかってきました。

それからは私が気に入った本や、子どもにウケた本のシリーズを買っていました。

**児童書の老舗出版社「福音館書店」の月刊絵本『こどものとも』『かがくのとも』は定期購読していました。『こどものとも』には新作童話が掲載されるので、私自身が楽しみにしていたのです。**

現在は『こどものとも』『かがくのとも』『ちいさなかがくのとも』が、それぞれ毎月税込440円。比較的安価でありながらいい内容なので、本当におすすめです。

単行本の絵本は1冊1000円以上するものもあるので、絵本の購入にあまりお金をかけたくないという人は、図書館を利用するのもいいと思います。

100冊単位でまとめ買いしていたわが家でも、長男が4歳、次男が3歳、三男が1歳ぐらいになってから、図書館にはとてもお世話になりました。

ほぼ毎週、日曜日になると、主人と私と3人の息子たちで図書館に行きました。

図書館に着いたら、息子たちに「好きな本を6冊持ってきてね」といいます。すると、パーッと散っていって、自分が読みたい絵本を抱えて戻ってくるのです。

持ってきた絵本を見ると、息子たちそれぞれの興味がわかって面白かったです。

当時は1人6冊まで本を借りられたため、長女が生まれてからは、6人家族で一度に36冊も借りていました。

36冊となると相当な重さなので、ふつうの袋では破れてしまいます。そこで私の母が丈夫なキルティング素材で、大きな布袋を3つ手づくりしてくれました。主人が大きな布袋に本をたくさん入れて持って帰る姿は、まるでサンタクロースのようでした。

**そうやって図書館で借りた絵本を読み聞かせして、子どもが気に入ったものは購入することにしていました。**

いまならアマゾンやメルカリなどを利用して中古の絵本を買えば、出費を抑えることもできますね。

**POINT**

**図書館で何度も借りるお気に入りの本は買ってしまいましょう**

# 16 夫に童謡を歌ってもらう

「夫が育児や家事を手伝ってくれない」というお母さんたちの不満の声を聞くことがありますが、夫に過度な期待をしてはいけません。「父親は家の壁紙のようなもの。家にいてくれたらそれでいい」と思えば腹がたたないのです（笑）。

私も主人の育児参加にはそこまで期待はしていませんでしたが、絵本の読み聞かせと童謡を歌うことは、父親の絶好の出番でした。私一人で絵本1万冊、童謡1万曲を達成するのは大変なので、主人にも手伝ってもらったのです。

**父親は、どのように幼い子どもの相手をしたらいいのかわからないことが多いもの。その点、「絵本を読み聞かせする」「童謡を歌ってあげる」というのは手軽で楽しくもあり、育児参加の絶好の機会です。**

主人が絵本の読み聞かせをしたのは全体の2割くらいでしたが、カラオケ好きということもあって、童謡を歌うのは6割くらい貢献してくれました。

同じ絵本、同じ童謡でも、父親と母親では、読み方も歌い方も違います。子どもたちはどちらも楽しんで、うれしそうにしていました。

絵本の読み方、童謡の歌い方は、上手でなくてもかまいません。「お母さんの声」「お父さんの声」ということが大事なのです。

由紀さおりさんなどプロの歌手が歌う童謡のCDも聞かせたりしましたが、歌唱力が高すぎるためか、私はうっとりと聴いていましたが、子どもたちはあまり反応しませんでした。

私は、絵本と童謡は、親子で大いに楽しめばいいと思っていたので、読み方や歌い方は、子どもにウケるように工夫していました。

絵本は登場人物によって声色を変えたり、読むスピードに緩急をつけたりすると盛り上がります。童謡は小さな声で囁くように歌ったり、朗々と歌い上げたりと変化をつけて子どものウケを狙うと盛り上がります。

長男3歳の誕生日までに、絵本1万冊と童謡1万曲、パズル100ピースを計画どおり達成することができました。

主人は長男の誕生日に目標を達成すれば、劇的な変化が現れると信じて楽しみにしていたようです。しかし、絵本1万冊を達成した直後、「ママ〜、読む前と変わらないよ」とかいって変化がないことを不思議がっていました。

3歳までに絵本1万冊、童謡1万曲、パズル100ピースを達成しても、その瞬間になにかが劇的に変わったわけではありませんが、その後の学習習慣のしっかりとした土台につながったと思っています。

**POINT**

**なにかが急に変わることを期待せず**
**土台づくりをしましょう**

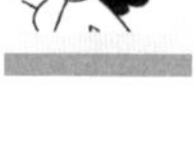

## Column 1

# わが子の教育費は最優先！

どんな家庭でも、使えるお金の絶対量は決まっています。限られたお金をどのように使うか、優先順位をつけることが大切です。

教育費についていえば、子どもが受験する年には、なにかとお金がかかります。私は合格するために必要な費用は惜しまず、残りのお金で生活すればいいと思っていました。車を買い替えたい、家をリフォームしたいと思っても、わが子の受験のための費用を最優先にしたのです。

具体的にいうと、塾や予備校に通うとき、学費を抑えるために「苦手科目だけ受講する」というのはよくないと思いました。基本コースを受講したうえで、苦手科目は家庭教師・個別指導などで、さらに強化するくらいの覚悟が必要です。

中学受験をするなら、夏期講習を受講したほうがいいですが、大学受験では子どもの勉強の仕上がり具合を見ながら、受講するかどうかを決めていいと思います。

大学受験で仕上がり具合が不安なときには、夏期講習を受けるといいですが、ある程度仕上がっている場合には、夏期講習を受けるよりも志望校の過去問を解くほうが効果的です。

過去問をできるだけたくさん解いておくことは志望校合格の鉄板ですが、前年だけでなく過去数年から数十年にもさかのぼって、できるだけたくさんの問題を解くほど合格への自信が深まります。

学力がついてくるのが実感できると精神的にも安定してきますから、問題はたくさんの「量」を解くことです。

# 第2章

# 3歳までの基礎づくりにお金と時間を使う

# 17 3歳までにお金と時間を使うとラクになる

子どもにお金をかけるのは、早ければ早いほどいいです。そのほうが、受験に近づいて慌ててお金をかけるよりも効果が大きいからです。

たくさんの絵本や童謡集を買って、0歳から絵本を読み聞かせたり童謡を歌ってあげたりしつつ、1歳前後から公文式の幼児教室で学習習慣の土台づくりをしたことが、後々の子育てであまり苦労しなかった大きな要因だと思います。

塾通いなどは、小学校に入ってからで十分だろうと思われがちですが、多くの場合、それでは手遅れになってしまうかもしれないのです。

高校生になって大学受験を控えた時点で、学習習慣や基礎学力が身についていなければ、そこから学力を上げるために塾や家庭教師にたくさんお金をかけなければなりません。そもそも土台づくりは時間がかかるものなので、受験を意識するようになってからではうまくいかないものです。

子どもが中学生、高校生になってからバタバタとお金をかけても、つけ焼き刃的になってしまい、よい結果につながらないお金を費やすことになります。そうなると、受けられる学校も限られてくるという悪循環になりかねません。

**同じ金額を使うのなら、同じ3年間でも、高校3年間より3歳までの3年間にかけたほうがよほど効率がいいのです。**

幼いころは親のいうことを聞きますが、大きくなるにしたがってだんだんいうことを聞かなくなります。わが家の子どもたちには大きな反抗期こそありませんでしたが、一般的には「ほとんど口をきかない」「子どもが反抗して困る」という話はよく耳にします。

親が指導するのは、やはりできるだけ幼いころからのほうがいいのです。とくに3歳までの土台づくりにしっかりとお金と時間をかけるといいと思います。

POINT

**子どもが幼いうちにお金と時間をかけましょう**

# 18 きょうだい平等を徹底

わが家では常に「きょうだいは平等」ということを重んじてきました。

そのためか、きょうだい間で揉めごとはありませんでしたし、実家を巣立った現在もきょうだい仲がいいです。

気をつけたことは、たとえばこのようなことです。

幼稚園児だった長男の誕生日のこと。誕生日プレゼントを買おうとおもちゃ屋さんに行きました。当時流行っていたロボットのおもちゃを買おうとしたら、値段が７０００円もしました。

まだ長女は生まれていませんでしたが、そのおもちゃを長男にだけ買ってあげたら、次男と三男もそれを欲しがります。「貸して、貸して～」と、おもちゃのとり合いになるのが目に浮かびました。

**そこで私は、まったく同じおもちゃを3つ買ったのです。**

「同じおもちゃを3つ？」と、思われたかもしれませんね。そうです、まったく同じロボットのおもちゃを3つ買ったのです。

1つ7000円とけっこうなお値段なので、それを3つ買うとなればかなりの出費になります。しかも、幼い子どもたちのことですから、すぐにそのおもちゃに飽きて遊ばなくなる可能性だってあります。

もちろん、次男と三男に、それぞれ違うおもちゃを買うことも考えました。しかし、長男がプレゼントを手にしたときの次男、三男のうらやましそうな顔が目に浮かんできたのです。

「そんな悲しい思いをわが子にさせてはならない」と私は思い、あえてまったく同じおもちゃを3つ買ったのです。

うちに帰って3人に同じおもちゃをプレゼントすると、それはそれは大喜び。3人で同じおもちゃを手にして、仲よく遊んでいました。

その姿を見た私は、「同じものを買ってあげてよかった」とホッとしつつ、自分の判断に納得しました。

「それは甘やかせすぎでしょう。長男の誕生日なのだから長男にだけ買えばいいのに」と思うのがふつうかもしれませんね。でも「兄弟で仲よく順番におもちゃを貸して遊びなさい」と親が注意しても、子どもには通用しないのです。

3人とも初めて見るおもちゃで遊びたいわけです。誕生日ではないからと、長男以外に悲しい思いをさせるのは避けたかったのです。

**ふつう子どもが誕生日プレゼントをもらえるのは年1回のはずですが、わが家では誰かの誕生日には、ほかのきょうだいたちも同じプレゼントをもらえるので、年4回誕生日があるようなものでした。**

だから、みんな自分以外の誕生日もすごく楽しみにしていました。

POINT

**きょうだいへのプレゼントは全員に同じものをあげましょう**

# 19 お金がかかっても「自分専用」を買い与える

きょうだいはいつも平等――兄や弟、妹のプレゼントをうらやましく思うこともなく、自分の誕生日はもちろん、自分以外のきょうだいの誕生日にも、みんなでプレゼントを楽しみにできることを重視していました。

「子どもの笑顔には、お金を惜しまない」というのも私の方針でした。子どもたちに悲しい思いをさせたくはなかったのです。

**もし予算が限られているのなら、その金額で1人だけにプレゼントを買うのではなく、子どもの数で割って全員に同じものを買ったほうがいいと思います。**

誕生日のケーキも平等に分けていました。長男と長女は7歳違いですが、私がケーキを2つ手づくりして、それをきょうだい4人で「同じ大きさ」に分けていました。

日ごろの食事もお菓子も、いつも平等に分けていました。「こんなに食べられない」と残した子は、「まだ食べたい」というきょうだいに譲っていたのです。

平等にしつつ、そのあとのことは子どもたちの意思に任せる。子どもを年齢に関係なく平等に扱うことによって、きょうだいの間で相手のことを思いやる気持ちが育ちます。人間同士のコミュニケーションを学ぶ機会でもあるのです。

**小学生の長男が星座盤を購入したときには、その時点できょうだい全員に同じ星座盤を買い与えました。みんなが自分の星座盤を見ながら、夜空を眺めたのです。**

長男に辞書を買ったときも同じでした。まだ幼い下の子どもたちには必要なかったのですが、長男が新しいものを持っていると、弟や妹たちは興味津々で欲しがります。いずれ必要なものでもありますから、長男に買った時点できょうだい全員に同じものを買い与えたのです。「辞書は1冊あれば、みんなで使えるでしょう」と思われるかもしれませんが、子どもは「自分専用」のものがあることに喜びを感じるものなのです。

**POINT**

**上の子になにか買ったら**
**下の子にも同じものを買いましょう**

## 20 高級素材の学習机も平等に買った

長男が小学校に入学するときに学習机を買いましたが、同時に年子の次男にも同じ学習机を買いました。

子どもが生まれて初めて持つ「自分専用」の家具は、いいものを買ってあげたい。

そう思って、高級家具メーカー「浜本工芸」が手がける最高級ムク材の学習机を選んだら、机と椅子のセットで20万円以上しました。

主人は「え〜、けっこう高いね」と驚いていましたが、子どもが毎日使い続けるものですから妥協せず、高品質のものにしたかったのです。

これが学力向上に一役買ったのか、そこまで関係なかったのかは、よくわかりません。

まあ親の心意気といったところです。

その学習机2台が自宅に届いた日、長男と次男は大喜び。引き出しを開けて、お気に

佐藤家のリビングに並ぶ
３男１女の学習机

入りのミニカーなどを入れて、はしゃいでいました。その姿は、いまも鮮明に覚えています。

当時3歳だった三男にも同じ学習机を買おうかと迷ったのですが、まだ体の小さな三男が、机や椅子から落ちて怪我をしたら大変だと思って買いませんでした。

ところが、学習机を買って2カ月くらい経ったころ、三男が突然泣き出したのです。兄たちがうらやましかったのに、ずっとガマンしていた思いが一気にあふれ出たのですね。

「こんな幼い子でも自分の気持ちをぐっと抑えてガマンしていたのか」と驚きました。

そこで三男に「大きくなったら、同じものを買ってあげるよ。いまは大きい机だと危ないから、小さな机を買ってあげるね」といって聞かせると、納得して泣きやみました。

三男には、1万円くらいのきれいな色の小さな机を買ってあげました。すると、すぐにミニカーを持ってきて、兄たちと同じように引き出しに入れ、とてもはしゃいでいました。

やはり自分専用の机で、兄たちと同じことをやってみたかったのですね。

その後、三男と長女にも小学校入学前、同じ浜本工芸の学習机を買いました。

きょうだい４人分の机代を合わせるとかなり高額になりますが、長男と次男に買ってから20年以上経ついまもグラつくことなく、手触りもいい高級家具なので、買ってよかったと思っています。

わが家には子ども部屋がなく、幼いときからずっとリビングで勉強していました。学習机もリビング横のキッチンから目の届く場所に置きました。

**子どもたちは自分の机で勉強したり、リビングに置いてある大きなコタツに集まって、みんなで一緒に勉強していました。**

大学受験の直前には、別の部屋にこもって過去問やリスニングを集中的にこなしていたこともありましたが、長女は兄３人が大学進学で上京した後も、最後までリビングで勉強していました。

**POINT**

**毎日使う学習机はケチらずに良質なものを買いましょう**

# 21 1歳前後から公文式に通わせる

私はいろいろと調べてみて、プリント形式の進め方などがいいと感じた公文式の幼児教室に、1歳半の長男を通わせることにしました。

公文式の教材は少しずつ難易度が上がるように工夫されていて、子どもが無理なくレベルアップできると感じました。また、年齢に関係なく、その子のペースに合わせて先に進められる点もよかったです。

公文式に通い始めた1歳半の長男は、教室で楽しそうにプリントをやっていました。

**自宅でやる宿題のプリントも出るのですが、最初のころは、あえて長男にその宿題をさせませんでした。**

ずっと宿題のない自由な生活を送っていたのに、1歳半で急に宿題をさせるのは、かわいそうだと思ったのです。

**まずは母親である私が、楽しそうに宿題をやってみて、その姿を長男に見せるところから始めることにしました。長男に宿題をやらせるのではなく、本人が自発的にやる気になるのを待ったのです。**

初めての試みだったので、私に不安がなかったわけではありません。

私が宿題をする姿を見せながら、数日、数週間、ひと月が過ぎ、「いつになったらやり始めるのかな……」と不安がよぎることもありました。

でも、私が焦って子どもに宿題を押しつけて、イヤな思いを植えつけてしまっては元も子もありません。

長い目で見れば、子どもの学習習慣を身につけさせることが大きな目的の1つですから、自発的にやり始めるのをひたすら待ちました。

すると、私が楽しそうに宿題をする姿を見せ始めてから半年くらい経ったとき、長男がやりたそうな素振りをみせました。そこで、「やってみる?」と聞いたら、「やる〜」とうれしそうに自分から宿題をやり始めたのです!

習い事を始めたら、自分の子どもに合っているかどうかをすぐに判断せず、最低でも半年から1年は続けさせて欲しいです。

それでも「やっぱりわが子に合わない」と思ったら、ほかの習い事にかえればいいと思います。

最初から、できないからといって叱ったり怒ったりしてはいけません。私は子どもにはなにもいわず、そばで見守ることにしていました。

幸い長男は公文式が合っていて、楽しく続けられたので本当によかったです。

**POINT**

**子どもが自発的にやるようになるまで待ちましょう**

# 22 座ることができれば塾通い開始

長男は1歳半から公文式に通い始めましたが、そのころ生まれた年子の次男も一緒に教室へ連れていっていました。

自宅で長男が宿題のプリントをやっていると、次男が邪魔していたのですが、その姿を見て、どうやら次男も自分のプリントが欲しいのだなと思いました。

**幼児教室とはいえ、伝い歩きを始めたばかりの生後8カ月で塾通いさせるのは、さすがにまだ早いかなとも思いましたが、自力で歩けなくても座ることはできたので、思い切って公文式に入塾させました。**

まだ生後8カ月の子どもがなにをするのかというと、太い鉛筆を手に持って「えい」とかいいながら、プリントに殴り書きをして遊んでいるようなものです。

それでも「楽しそうだからいいよね」と受けとめていましたし、「鉛筆を持って机に向かう」という学習習慣を身につける効果はあったと思います。

次男は、すでに長男が自宅で宿題のプリントを楽しそうにやっている姿を見ていたので、自然に真似してプリントをやるようになりました。

周りのお母さんたちからは、「まだ生後8カ月じゃ、お金をドブに捨てるようなもんじゃない？」なんてこともいわれましたが、私はニコニコしてプリントをしている次男を見ながら「お金をドブに捨てることになったとしてもいいかな」と思っていました。

次男に宿題のプリントを与えることで長男の邪魔をしなくなりましたし、とても楽しそうなので、それでよかったのです。

POINT

**世間一般で早すぎると思われてもやってみましょう**

# 23 公文式で国語と算数を続けさせる

公文式では入塾した当初、国語と算数の2教科を受講させました。

その後、幼稚園の年中になってから英語を追加しましたが、３教科になったら通塾や宿題などで余裕がなくなってしまったので、国語と算数の2教科に戻しました。

**英語は教材が優れていることもあって習わせたかったのですが、幼少期の優先順位としては国語と算数のほうが重要だと私は思います。**

現在の公文式の月謝は税込で、幼児・小学生は1教科月７７００円（東京都・神奈川県の教室）、そのほかの地域の教室は月７１５０円となっています。

自宅近くに教室がなければ、通信学習を利用する方法もあります。

公文式の場合、通塾するより割高にはなりますが、幼児・小学生は1教科月８２５０円（税込）となっています。

私が公文式で唯一難点だと感じていたのは、間違えたところの見直しに時間がかかる点でした。

教室に行くと、まずは先週出された宿題を見直し、その後、その日の課題のプリントをやります。それを採点して、またその場で見直して再提出。おおよそ「見直し↓課題をやる↓見直し」のくり返しです。

そもそも子どもは自分が苦手なところを間違えているのですから、自力で「見直し」するのは無理があるのです。しかも、間違えたプリントの文字を消しゴムで消して書き直すというのは、幼い子にとってなかなか大変な作業でもあります。

きれいに消さなければ正しい答えを書けないし、その答えがまた間違えていたら、また消しゴムで消す。その一連の動作を子どもの横で見守っていると、なんだかつらそうだし、そもそも効率が悪かったのです。

公文式では「間違えたところを消して、やり直して、また提出する」ということを全部自分でやることを「勉強」としていますが、それは幼い子にとってはかなりハードルが高いと私は感じていました。

そのことが公文式を続けることの妨げとなっている場合が多いとも聞きます。

自分が間違ったところを消しゴムで消す時間と手間、採点の順番を待つ時間もけっこう長いですから、時間がもったいないと思うこともありました。

POINT

**幼少期は英語より国語と算数を優先しましょう**

# 24 宿題は子どもの横に座って消しゴムで消してあげる

4人きょうだいのわが家は、いつも小さな赤ちゃんがいる時期が長かったです。そんな時期は公文式の教室に定期的に通えなかったこともあり、私は事前に解答を借りて、一度採点してもらった間違い直しのプリントを自宅に持ち帰っていました。

私は子どもが少しでもつらそうだったり、苦しそうにしていることは、やり方を変えたほうがいいと思いながら、いつも寄り添っていました。

**そこで自宅では、子どもがプリントを間違えたら、私が消しゴムできれいに消してあげて、子どもにはやり直しだけをさせました。**

いずれ大きくなれば、消しゴムできれいに消すことはできるようになります。幼い子に自分で消させるようにすることは優先順位が低く、時間の無駄に思えたのです。

**子どもが上手に消せなくて筆跡が残ると、ミスをしやすくなり、同じところを何度も**

**間違えやすくなる弊害もあります。**

そこで挫折してしまってはもったいないですから、子どもの育ち具合と優先順位を柔軟に考えて、私が消しゴムで消し、間違えたところは私がすぐにその場で教えました。

宿題のプリントも同様に、私が子どもの横に座って、子どもが1枚解き終わったら、すぐに採点。間違えたところは、私がきれいに消しゴムで消してあげて、やり直しをさせていました。

私が消しゴムで消している間、子どもは2枚目のプリントにとりかかります。こうすると流れ作業のようにはかどるので、ものすごく効率がよかったです。

間違えたら、その場で、すぐに、なぜ間違えたのかを考えさせることが大事だと思います。子どもは問題を解くことだけを集中して考えればいいので、ラクに勉強を進められたと思います。

**公文式に通うにしても、ほかの塾に通うにしても、お金を払っているからといって丸投げするのではなく、親が徹底したサポートをしてあげると、はるかに効率が高まって**

学力も向上しやすいです。

子どもの教育に、ただお金を払うだけではなく、どれだけたくさん親が寄り添ってあげるかが支払ったお金を有効に使うことにつながります。

**POINT**

**塾に丸投げせず**
**親がしっかり子どもをサポートしましょう**

効率がよくなるようなサポートも必要
消しゴムで消す役目

# 25 プリントを拡大するため家庭用コピー機をフル活用

公文式のプリントの文字は、就学前の子どもの勉強内容にはちょうどいい大きさですが、学習進度が進むにつれて1枚のプリントの内容が増えるので、そのぶん文字が小さくなりました。

**プリントの内容を見やすくするために、私は公文式の先生に許可をもらったうえで1枚1枚拡大コピーしていました。**

最初のころはコンビニのコピー機で拡大コピーしていたのですが、大量にコピーすることもあり、私の後ろに列ができることもありました。

ほかの人が後ろに並ぶと気疲れしますし、ふとコピーをとりたくなったときに、わざわざコンビニまで行かなければならないのも面倒です。

そこで、いっそのことコピー機を買ってしまおうと思い立ったのです。

いまでこそ家庭用コピー機は広く一般向けに販売されていますが、当時は電器店でもほとんど見かけませんでした。

そこで「コピー機といえばキヤノン、きっと家庭用もつくっているだろう」と思い、キヤノンに電話で問い合わせ、カタログを送ってもらいました。

数日後に届いたカタログを見ると業務用ばかりでしたが、そのなかに1機種だけ家庭用コピー機が載っていました。ところが、それは定価45万円くらいで、かなり高額でした。いまなら同じキヤノン製の家庭用コピー機が2～3万円で買えます。

さすがに高すぎるので、電話して価格交渉してみると、高すぎてあまり売れていなかったようで、14万円にまで値下げしてくれました。

それでもまだ高いのですが、毎日使うものですから思い切って購入しました。いま売られている機種よりサイズ（高さ）が3倍くらいありましたが、高機能でとても使いやすかったです。

**自宅にコピー機が届いてからというもの毎朝、主人が出勤し、子どもたちを学校に送り出してから、毎日200～300枚も拡大コピーしました。**

公文式のプリントだけでなく、バイオリンの楽譜も拡大コピーしていましたし、小学生になって中学受験塾に通い始めてからも、中高一貫校に通うようになってからも、コピー機を活用しまくりました。

高いと思って買ったコピー機でしたが、壊れるまで17年間も使い続けました。新しいコピー機を買おうと電器店に行ってみると、家庭用コピー機が3万円くらいで売られていて「時代が進んでる！」と驚いたことを思い出します。

家庭用コピー機（複合機）を使うとなると、インクカートリッジの交換費用など維持費がけっこうかかります。

それでも、いまコンビニでコピーすれば白黒コピーでも1枚10円で100枚1000円、カラーコピーなら1枚50円で100枚5000円もかかりますから、私のようなヘビーユーザーは家庭用コピー機を買って正解でした。

ときにはコピーミスをすることもありましたが、そんなときは裏紙を計算用紙として活用しました。「紙の裏も使って、紙の使命をまっとうさせたい」という思いが強かったのです。

私の父がそうやって紙を大切に使う人だったので、私も白いところがある紙は右から左には捨てられません。**コピー用紙は突然なくなると困るので、500枚1組の安価なコピー用紙を大量購入して、常にストックしておきました。**

私にとってコピー機は勉強のサポートのための必需品でした。ちょっとコピーをしたいと思ってもコンビニまで行かないとできないというのは、お金にはかえられない時間のロスが大きく、子どもの学力を上げるという点ではマイナスに働きます。

コピー機を購入するときは、安価な機種を選ぶにしても「拡大機能」は必須です。

**POINT**

**勉強のサポートに拡大コピーをフル活用しましょう**

## Column 2

### 親のサポートでコスパアップ！

幼児教室や学習塾にお金を払うだけで、すべてお任せするのでは、子どもの学力は思うように伸びません。せっかくお金をかけるのですから、親がしっかりとサポートして成果を出しやすくしましょう。

「学費を支払ったぶん、元をとりたい」という話をよく聞きますが、そのためには親がしっかりとサポートすることが欠かせないのです。

それでも、はじめのうちは「支払った高い月謝はなんだったのか」というくらい、子どもはすぐには成長してくれません。

支払った月謝と比例するように、子どもの学力が伸びてくれないときは、親としては我慢のしどころです。

なかなか効果や成長が見られなかったら、「このままお金をかけ続けていく意味があるのか」「かなりの金額を投入したけれど大丈夫なのだろうか」などと不安になるものです。

しかし、兄弟姉妹でも、すぐに結果が現れる子もいれば、しばらくはなかなか芽が出ない子もいます。でも、そのなかなか伸びなかった子が、何年か経ってから急に花を開かせるということだってあるのです。

「この習い事にお金をかけるのは、もったいないからやめさせよう」と早々にやめさせたら、その子の伸びしろは活かされず、永遠に芽を出せなかったことにもなりかねません。親がその子の素晴らしい可能性を潰したことになります。

そういう意味では、どこで見極めるか、ある種の“賭け”のような感じもしますけれど、そこが子育ての醍醐味でもありますね。

# 第3章

# 勉強以外に芸術や運動にも投資する

# 26 幼児期に「勉強」「運動」「芸術」の3分野を習わせる

近ごろは学習塾に加えて、プログラミング、ボルダリング、体操、バトンなど、ほぼ毎日習い事をさせているご家庭も少なくありません。

親としての意気込みはわかりますが、それでは子どもにとって習い事が「仕事」のようになってしまい、疲れ果ててしまいます。

ひとりっ子の場合、きょうだいで遊べないので、親が相手をするのも大変です。そのため、毎日のように習い事を入れがちでもあります。

私も子どもが長男だけだったときは、遊ばせるのが大変だったので、その気持ちはよくわかります。とはいえ、習い事を詰め込みすぎて、子どもが疲れ果ててしまってはかわいそうです。

**習い事は、「勉強系」「運動系」「芸術系」の3分野で1つずつがおすすめです。わが家**

**では、勉強系は公文式で全員が1歳前後から通いましたが、運動系は全員が4歳からスイミング、芸術系は全員が3歳からバイオリンを習いました。**

ただし、長女だけは本人が習いたいというので、小1からピアノも習わせました。

全員がほぼ同じ年齢から同じ習い事をしたというのは、みんなが同じように習うと親も指導しやすいからです。全員が同じ習い事をすると、送り迎えが便利という事情もあります。

わが家は、みんな一緒に同じ習い事をしていたので、みんなで同じ話ができて教えあったりもできたので、どの習い事も楽しく通っていました。

**習い事の数をもう少し絞りたいというのであれば、公文式の算数とスイミングの2つがおすすめ。1つだけというなら、公文式の算数がおすすめです。**

子どもの体力や興味、積極性によっては、習い事は3つより少し増やしてもいいでしょう。特定の分野で段違いに優れた能力を発揮するお子さんもいますから、それで将来食べていけるように、相当なお金をかけて育てるという特殊なケースも考えられます。

子どもの興味や適性を探るため、最初はある程度たくさんの種類を習わせて、そのなかから適性度合によって、続けるものを見極めるという考え方でもいいでしょう。そこのあたりは人それぞれ、ある程度の幅を持たせて判断していいと思います。

やってはいけないのは、「ほかの子が習っているから」「これを習わせないとカッコ悪い」というように、親の虚栄心で習い事を増やしてしまうことです。

たくさん習い事をさせてお金を使ったのに、子どもは疲れただけで楽しくもなく、嫌な思い出だけが残ったというのでは本末転倒です。

子どもは大きく育つにつれて、お金がかかるようになり、必要になるお金のケタが違ってきます。

なにを習わせるのか、いつまでに、どのくらいお金を使う余裕があるのか。自分の家庭でのバランスが大切なのです。

**POINT**

**親の虚栄心で習い事を増やして子どもを疲れさせないようにしましょう**

# 27 きょうだい全員にスイミングとバイオリンを習わせた

運動系の習い事をスイミングにしたのは、私自身が子どものころに息継ぎができず、学校の水泳の授業を楽しめなかったからです。子どもには水泳の授業を楽しんで欲しかったのです。

小学校の担任の先生が、水泳指導が上手とは限りません。泳げるからといって、教えるのが得意とも限りません。実際、私は小学校の体育の授業で泳ぎ方を教わっても、うまく息継ぎができるようになりませんでした。

しかし、結婚してから通ったスイミングスクールでは、わずか2週間で泳げるようになったのです。「なんだ、息継ぎってこんなことだったのか」と自分でも驚きました。

そういう経験もあって、子どもたちには幼いころに水泳指導のプロにきちんと教えてもらいたいと思ったのです。

**運動系はなるべく幼いころから習ったほうが上達が早いですし、そのなかでもスイミ**

**ングは学校の授業で必ずやることなので、習い事としておすすめです。**

芸術系の習い事をバイオリンにしたのは、私が中2のときに感動した「スズキ・メソード」という教育法についての新聞記事がきっかけでした。

スズキ・メソードというのは、バイオリニストの鈴木鎮一先生が提唱した、音楽を通じて心豊かな人間を育てるという教育法です。

私が読んだ新聞記事で、鈴木先生は「どの子どもも指導者次第で伸びる。子どもが伸びないのは子どものせいではなく、指導者である大人の責任」とおっしゃっていて、その考えに私はとても共感したのです。

その教育法を知った中2の私は、将来結婚して子どもができたら、必ずスズキ・メソードのバイオリンを習わせようと決めました。スズキ・メソードの音楽教室は全国各地にあり、バイオリンのほかにもチェロ、フルート、ピアノなどが習えます。

POINT

**子どもの習い事は親の経験で選びましょう**

# 28 子どもと一緒にバイオリンを習った

バイオリンは、練習を1日休むだけで音色が格段に悪化して、練習をサボったのがすぐにばれてしまいます。

そういう芸術系の習い事を通じた自己鍛錬が、結果として勉強にも活かされます。

バイオリンは、年齢を数えるときに「つ」がつくまでに習わないと遅いといわれます。年齢を数えるときには、「ひとつ、ふたつ、みっつ、よっつ、いつつ、むっつ、ななつ、やっつ、ここのつ」と1歳から9歳までは「つ」がつきます。ところが10歳になると「とう」になり、そのあとは11歳、12歳と「歳」をつけて数えます。

つまり、バイオリンは9歳までに習い始めるべきで、10歳以上になると習い始めるには遅いということです。

私はバイオリンに触れたこともなかったのですが、レッスンには親がつき添うという方針のもと、私も長男と一緒にバイオリンを習うことにしました。

最初は私のほうが早く上達したのですが、1年も経つと長男のほうが上のレベルの曲を弾くようになり、見事に追い越されました。

運動系と芸術系の習い事は、「できるようになった！」という成功体験や「毎日コツコツ努力すれば、わずかでも進歩する」「サボると必ず後退する」ということが身をもってわかりやすいです。

算数の計算などは、1日やらないとできなくなるということはありませんが、音楽や運動は練習しないとできなくなることが体感しやすいからです。

**運動系と芸術系の習い事は、どこがよくなかったのかを考えながら練習し、できるようになるという成功体験を重ねていけるのでおすすめです。**

そのときの感覚は、人間として成長していくときの土台になってくれたと思います。

POINT

**運動系と芸術系の習い事で考える人間を育てましょう**

# 29 バイオリンはきょうだい4人で使い回した

それぞれの習い事の費用をざっとまとめておきましょう。

当時の費用なので参考価格となりますが、公文式は1教科月5000円強で、前述のように国語と算数の2教科を受講。バイオリンは月3回のレッスンで1万円、スイミングは週1回で月4000〜5000円。娘だけ習ったピアノは月4回で5000〜6000円でした。

バイオリンは、大人用のフルサイズを「4/4サイズ」といいますが、子ども用は「分数バイオリン」といって、最小の1/16サイズから1/10、1/8、1/4、1/2、3/4と大きくなっていきます（数は少ないですが、おもちゃみたいにかわいい1/32のミニサイズもあります）。

わが家のきょうだいは15万円くらいのバイオリンから始めました。私の大人用のフルサイズは65万円くらい。別売りの弓の値段はさまざまです。

一見すると高いと思われますが、バイオリンは使わなくなったら下取りしてもらうこともできるので、初期投資がかさむだけという考え方もできます。

バイオリンには4本の弦がありますが、消耗品の弦はいつ切れるかわからないので、張り替え用を4本常備しておかなければなりません。

私のフルサイズのバイオリンには、買ったときに羊の腸を素材にした高価な「ガット弦」が張られていました。こうした維持費はけっこうかさみます。

先生の助言もあってコストを抑えるために、金属が芯材で耐久性のある比較的安価な「スチール弦」に張り替えました。

バイオリンは成長とともに大きいサイズに買い換えますし、フルサイズのバイオリンの値段は、数万円の初心者用から、最高峰のストラディバリウスのような億単位までさまざまです。

いずれにしてもバイオリンのような弦楽器はお金がかかるので、「金の切れ目が弦の切れ目」ともいわれます。

その点、わが家では長男が使ったバイオリンを下の子に次々にお下がりして使ったので、同じサイズのものを2丁購入しなくてすみました。

あるとき、同じ教室にお子さんを通わせていたお母さんが、1曲弾けるようになるまでにかかったお金を計算してみたそうです。

私にはそんな発想はなかったのですが、「1曲〇〇円で仕上がった」という話は驚くとともに感心しました。

たしかにダラダラ習わせているよりは、コスパを念頭に置いたほうが、練習に身が入るのかもしれないと気づかされたのです。習い事には、そのような発想も必要かもしれませんね。

POINT

**お金のかかる習い事でも効果があるなら工夫して続けましょう**

# 30 習い事は中学受験塾に通うまで

3人の息子たちは小3の2月から、長女は小1の2月から、中学受験塾の浜学園に通い始めました。そのため全員、小3の1月ぐらいに公文式とバイオリンをやめました。公文式では中学レベルまで進み、バイオリンのレベルはそれぞれ違いましたが、下の子は上の子の受験に巻き込まれるので、多少進みが遅い傾向でした。それは、受験優先だから仕方がないと割り切っていました。

長女だけピアノを小1の5月から始めましたが、中学受験の勉強が忙しくなったため、小3の夏休みにはやめました。その後、中学に入学するとまたピアノを始めて、高1まで続けました。

スイミングは「バタフライ→背泳ぎ→平泳ぎ→自由形」の個人メドレーがターンつきでできるようになることを親子の目標としていました。全員が小4の6月ごろまでに目

**標を達成したので、そこでスイミングスクールはやめました。**

三男は4歳からスイミングを始めましたが、最初はプールに入るのを嫌がって、結局3カ月間もプールに入らず、ずっとプールサイドで泣いている状態でした。その3カ月間は、プールサイドで泣くためにスイミングスクールに通っていたようなものです。

それでも私は焦らず、「まあ、そのうちプールに入るだろう」と見守っていました。すると、3カ月経ったある日、ついにプールへ「ポチャン」と入ったのです。

それからは、ずっと泣いていたことなどウソのようにレッスンに参加し、小4で個人メドレーができるようになりました。

**同じきょうだいでも進み具合はまちまちでしたが、ゴールは一緒だったのです。**

前述したように、習い事はいったん始めたら最低でも半年くらいは続けてみてください。「真面目にやらないからお金の無駄」と、すぐにやめてしまうのは、逆にお金と時間を無駄にしてしまいます。慣れるまで見守ることも大事です。

POINT

**進みが遅くてもじっと我慢して見守りましょう**

# 31 小学校入学までに読み書き・計算を覚えさせる

「ひらがな」「カタカナ」「数字」「1桁の足し算」「九九」は、小学校入学前にできるようにしておきました。

どれも小学校に入ってから習うものばかりですが、どうせやらなければならないものですから、前もってじっくり時間をかけて身につけさせたのです。

私が子どものころは、小学校入学時には「自分のお名前をひらがなで書けたらいい」といわれていましたが、もう時代は変わっています。

**いまは小学校入学時点で、自分の名前を漢字で書けて当然ですから、古い感覚のままでは子どもが出遅れてしまい苦労します。**

「ひらがなの読み書きは小学校で教えてくれるのだから、入学前には別にやらなくていい」などと親が漠然と考えてしまうと、すでにひらがなを習得している子どもたちにわが子が交じることになります。

そこで劣等感を抱かせないためにも、「ひらがな」「カタカナ」「数字」「1桁の足し算」「九九」は、幼児教室や通信教育、市販のワークブックなどで、できるだけ早めに習得させておいたほうがいいです。

これらを習得したうえで小学校に入学すれば、授業も楽しく受けられます。そのぶん、心にも余裕が生まれるので、前向きに勉強に取り組めるようになります。

入学早々、劣等感を持たせてしまうのはかわいそうですし、小学校生活を気持ちよくスタートさせてあげるためにも、親が先手を打っておく必要があるのです。

POINT

**小学校入学前に子どもが名前を漢字で書けるようにしておきましょう**

## 32 小学校入学前に童謡のノリで九九を覚えさせる

小学校入学前に「九九」を習得させておいたほうがいいといいましたが、九九は歌いながら覚えるのがいちばん楽しくてラクです。

わが家の長男と次男が3~4歳のころは、まだカセットテープの時代でしたが、ある日、公文式の教室の帰りに、車のなかで九九の歌を40分くらい聞きながら帰りました。

2人はメロディーに合わせて、ノリノリで大合唱。マーチ、バラードといろいろなメロディーが楽しかったのか、なんと家に着くまでに九九を全部覚えてしまったのです。

これには私も驚きましたが、「九九は苦労して覚えるものではない。歌いながら覚えてしまえばいいんだ」と気づかされました。

小学校で勉強するのは決まっているのですから、九九は幼いときに理屈抜きで、歌ったり踊ったりして楽しみながら覚えるのがいちばんです。

いまならYouTubeで動画がたくさん観られますから、スマホで再生しながら歌い踊りながら覚えさせるといいでしょう。

小学校で九九を覚えるのに苦労したという話をよく耳にしますが、就学前に歌だけでも覚えておくと、学校で九九を習うときに苦労しません。

POINT

**理屈でなく歌ったり踊ったりして九九を覚えさせましょう**

# 33 幼稚園・小学校の〝お受験〟はしなかった

わが家の4人きょうだいは、国立大学付属幼稚園・小学校に通いました。当時は抽選のみで、いわゆる「お受験」はなかったので、幼稚園受験や小学校受験の塾には通っていません。

当時の国立大学付属小学校は、公立小学校よりも学級費や同窓会費などが少し高かったと記憶しています。それでも、もちろん私立に比べれば安かったです。

幼稚園から大学までエスカレーター式に進学できる私立に進学する場合、国公立の学校よりも多額の費用がかかります。

その場合、大学進学の受験はないものの、高校時代の成績によっては希望の学部・学科に進めないこともあります。私立大学附属のエスカレーター式だからといって油断せず、しっかりと勉強することが必要なのです。

## おもな幼稚園・小学校受験塾

| 塾　名 | 電話番号 |
|---|---|
| アイ・シー・イー幼児教室 | 0120-044-844 |
| ジャック幼児教育研究所 | 03-5300-0770 |
| こぐま会 | 03-3715-4700 |
| こどもクラブ | 0120-115-181 |
| 伸芽会 | 0120-59-1359 |
| チャイルド・アイズ | 0800-100-6940 |
| 理英会 | 0120-042-870 |

幼稚園や小学校を受験する場合、それぞれの入試に特徴がありますから専門塾に通う必要があります。

小学校受験の塾では、年少の11月から「新年中」となり、2年間塾に通うのが一般的で、年長のときの塾代は60万円から100万円ぐらいが多いようです。

小学校受験では、「行動観察」「ペーパーテスト」「親子面接」を行うところが多く、人気校を受験する場合、年長のときに数百万円かかるケースもあるようです。

参考までに、おもな幼稚園・小学校受験塾と問い合わせ先を掲載しておきます。

志望校の合格実績や対策などを聞いて、よさそうなら親子で見学して相性を判断す

## おもな私立小学校の学費

| 学校 | 入学金 | 授業料 | その他の費用 |
| --- | --- | --- | --- |
| 慶應義塾幼稚舎 | 34万円 | 94万円 | 32万円 |
| 早稲田実業学校初等部 | 35万円 | 73万2000円<br>（4～6年は70万8000円） | 31万4000円<br>（2～6年は31万2000円） |
| 青山学院初等部 | 30万円 | 75万円 | 26万6000円（2019年度）<br>（2～6年は20万6000円） |
| 学習院初等科 | 30万円 | 73万4000円 | 30万2000円 |
| 立教小学校 | 30万円 | 66万円 | 35万8800円 |
| 同志社小学校 | 25万円 | 80万円 | 16万8891円（2019年度） |
| 立命館小学校 | 30万円 | 80万円 | 20万円（2019年度） |
| 関西学院初等部 | 20万円 | 80万円 | 約22万円 |
| 関西大学初等部 | 30万円 | 80万円 | 26万9000円 |

※その他の費用には、教育充実費、施設設備費など。制服代は含まず

るといいでしょう。

首都圏であれば、小学校受験の最高峰である慶應義塾幼稚舎、慶應義塾横浜初等部、早稲田実業学校初等部、青山学院初等部、学習院初等科、立教小学校など、私立大学附属小学校はたくさんあります。

一方、関西圏で私立大学附属小学校といえば、わが家の子どもたちが幼いころは、近畿大学附属小学校ぐらいしかありませんでしたが、いまでは同志社小学校、立命館小学校、関西学院初等部、関西大学初等部などが有名になっています。長女の母校である洛南中学・高校に附属小学校ができたのは、２０１４年のことです。

一般的に、私立小学校は学費が年間80万円前後。もっとも学費が高い慶應義塾横浜初等部では初年度約１８６万円、小学校６年間でざっと１０００万円以上が必要になります。

大学附属ではない私立小学校の場合、中学受験に力を入れていて、名門中への進学実績がある学校が人気を集めています。

**POINT**

**幼稚園・小学校受験では塾との相性を見学して確かめましょう**

## Column 3

## 現実問題、教育費はかなりかかる

「○○君のお父さんは稼いでいるから、家族で海外旅行に行けるんだね。いいよね～」というような話を、子どもの前で絶対にするべきではありません。そもそも一生懸命働いているお父さんに失礼です。

他人の収入が気になっても、他人のお金は使えないのです。「うちはうち、よそはよそ」と割り切るのがいちばん健全な考え方です。

自分の家庭の収入内で、堂々と生きていく姿勢をわが子に見せることも、親の大事な仕事といえます。

くり返しますが、他人の家庭の収入を気にしてもどうにもなりませんし、自分の家庭の収入でやりくりするしかないのです。

生活に欠かせないとされる「衣食住」、それにある程度の「娯楽」には、お金を使わざるを得ません。しかし、子育ての最中は、ぜひ「教育費最優先」にして欲しいと思います。

教育費はかければかけるほどいいというものではありませんが、わが子を一人前に育て上げるには、現実問題として、けっこうなお金が必要になります。

とくにいまは、子どもが幼いうちに塾に通わせて受験をするという流れが強まっているので、かなりの教育費を覚悟したほうがいいと思います。

だからこそ、親が身を粉にして働いて得たお金は、できるだけ子どもの教育に使って欲しい。子育ての最終目標を、「自分で稼いで自活できる人間」に育てることと再認識し、そのための教育費は惜しまないで欲しいです。

第4章

# 3兄弟は小3から、長女は小1から中学受験塾に通わせた

# 34 塾は進学実績とテキスト内容をチェック

わが家の4人きょうだいは全員、中学受験をしました。長男・次男・三男は灘中、長女は洛南中を受験して進学しました。

中学受験の入試問題は、それぞれの学校によって特徴があります。合格するには、それぞれの入試の特徴を熟知している受験のプロに教わるのがいちばん効率がいいです。とくに難関中学の合格を目指すなら、学校の授業だけでは難しいです。

わが家の長男・次男・三男は小3の2月から、長女は小1の2月から、中学受験塾の浜学園に通わせました。塾の宿題は量が多く、ほかの習い事をしていると大変なので、公文式とバイオリンは入塾前にやめ、その後にスイミングとピアノもやめたのです。

**中学受験塾は2月から新しい学年がスタートします。一般的には、小2か小3の2月から中学受験に備えて塾通いするお子さんが多いようです。**

小4の2月からだと、塾では小5の授業が始まりますから、それまでによほど学力が仕上がっていなければ、塾の学習進度についていくのが大変なので受験には間に合いません。

のんびりした性格だったり、体力がなかったりするお子さんの場合、早めに塾通いさせたほうが得策だと思います。

**塾選びでは、私自身が名前を聞いたことのある塾について、それぞれの「進学実績」「テキスト内容」「通いやすさ」「口コミ」を調べました。**

最終的に浜学園に決めたいちばんの理由は「口コミ」でした。幼稚園の同級生のお母さんが、上のお子さんを浜学園に通わせていて、「先生が熱心で授業がすごくいい」といっていたのが印象的だったのです。

「進学実績」は、地元関西の難関私立中学の受験に強いこと。「テキスト内容」は基礎・応用・発展と段階的に構成されていて、子どもの学力が段階的に伸びやすく感じたこと。「通いやすさ」は、自宅の最寄り駅から2駅で比較的近いこと。これらを総合的に判断して、浜学園に決めました。

とくにテキスト内容については、たくさん並んだ計算問題を解いていくごとに学力が上がっていくようにつくられており、テキスト作成者の子どもたちに対する愛情さえ感じられました。とにかく問題をたくさん並べているだけという、よくあるテキストとは違ったのです。

**塾を選ぶときには、少なくとも「進学実績」「テキスト内容」は親が必ずチェックしてください。テキストを見比べると、その塾のコンセプトが見えてきます。**

塾との相性もありますから、実際に親子で見学し、可能であれば体験授業も受けてみたほうがいいです。

POINT

**塾選びでは進学実績とテキスト内容を親が必ずチェックしましょう**

# 35 学年が上がるごとに塾代が高くなることを覚悟

小3の2月から浜学園に通い始めた息子たち3人は、国語、算数、理科の3教科を受講しました。小5では社会を加えた4教科を受講、小6では「灘中合格特訓コース」を受講するなど、学年が上がると、さまざまなオプションの講習が加わりました。

中学受験塾では、学年が上がるにつれて、塾に通う日数が多くなります。第1志望の中学によって費用は多少異なりますが、灘中を目指したわが家の場合、塾代は学年が上がるにつれて高くなりました。

**お金のかかる小6のオプションの講習は受講しないと考える親御さんもいましたが、それらを受講するライバルたちがいるのですからお金のかけどころだと私は思いました。**

塾代を中途半端に節約して受験に失敗したら、元も子もありません。私はオプションを含めてすべて受講させました。

### おもな中学受験塾

| 塾 | 電話番号 |
|---|---|
| 市進学院 | 0120-80-0877 |
| 栄光ゼミナール | 0120-315-853 |
| SAPIX小学部 | 0120-3759-50 |
| 駿台・浜学園 | 03-5283-7774(お茶の水教室) |
| 日能研 | 0120-666-242 |
| 四谷大塚 | 0120-428-025 |
| 早稲田アカデミー | 0120-97-3737 |
| 希学園 | 03-5449-7166(首都圏)<br>0120-933-223(関西) |
| 浜学園 | 0798-64-1236(西宮本部) |
| 馬渕教室 | 06-6367-1000 |

小学校低学年のときには、塾の授業料はそれほど高額ではありませんが、中学受験が迫った小6はかなりかかると覚悟して、備えておくことが大切です。

長女が浜学園で受講した「洛南中合格特訓コース」は、「灘中合格特訓コース」ほどの特訓や講習はありませんでした。息子たち3人よりも授業数が少なく、比較的費用はかかりませんでした。

おもな中学受験塾と問い合わせ先を掲載しておきますので、参考にしてください。塾選びでは、候補先のホームページで調べたり電話で問い合わせたりして情報収集のうえ、できれば親子で見学にいって説明や体験授業を受けて判断するようにしましょう。

なお、新型コロナウイルスの感染拡大によって、オンライン授業を開始する塾も増えました。浜学園のように以前からオンライン授業「浜学園Ｗｅｂスクール」（www.hamagakuenweb.com/）を開講している塾もありますから、オンライン授業を選択肢のひとつとして検討するといいでしょう。

POINT

**小5・小6の「特訓コース」は塾代のかけどころです**

# 36 1教科15分の短時間集中勉強法にトライ

本書冒頭の2～3ページにあるとおり、わが家の4人きょうだいは、それぞれ性格が違います。たとえば、三男は小学生のころ、ちょっと集中力に欠けたところがあり、中学受験の勉強では私がさまざまな工夫をしました。

**中学受験塾・浜学園の先生から「15分しか集中できていないので、勉強は1教科15分と短時間集中でやったほうがいい」とアドバイスをいただき、自宅での勉強を1教科15分にしました。**

私が1教科15分でやれそうな問題量を決め、キッチンタイマーを使って、国語・算数・理科・社会と1科目15分ずつ三男に解かせたのです。

15分経ってキッチンタイマーが鳴ったら、解答途中でも問題をとり上げて、次の科目に移ります。とり上げた問題は、またやらなくてはならないので、三男は途中でとり上

キッチンタイマーを使って１教科15分の短時間集中勉強法を実践！

げられないように必死になって解きました。

この方法を続けたところ、だんだんと集中力が増してきて、2カ月くらい経ったころには、1~2時間は集中して勉強できるようになりました。


三男は灘中を受験する小6で、成績がよかったり悪かったりしました。

三男自身は気づいていなかったものの、それはすでに兄2人が灘中に通っていることをプレッシャーに感じていたからでした。

**長男と次男は受験勉強で灘中の過去問を7~8年分解きましたが、三男にはもっと自信をつけさせなければならないと思い、19年分の過去問を4回くり返し解かせました。**

受験前の11月中旬に3回目を解き終わった時点で、三男は強い自信を持つようになっていました。

三男が過去問を解き始めたとき、私は採点しながら「長男と次男に比べて、三男は筆圧が強い」ということに気づきました。

太く濃い字は消しゴムで消しにくいので、余計な手間も時間も使ってしまいます。字を消し残すこともあり、それが計算ミスなどを誘発していたのです。

たくさんの過去問を時間を測りながら解いたり、少し時間を短めにして解いたりしているうちに、三男の筆圧は適正なものになりました。時間を意識して急いで問題を解いているうちに、筆圧が下がったようなのです。

力を抜いてちょうどいい筆圧になると、計算ミスも減ってきて、成績も安定してきました。これもタイマーを使った勉強法の副産物となったのです。

POINT

**タイマーを使って短時間で問題を解かせて集中力を高めましょう**

## 37

# 親が1週間の時間割をつくる

子どもが中学受験塾に通い始めてからは、塾か最寄り駅までの送り迎え、勉強のスケジュール管理、宿題のチェックや採点、テストの見直し、お弁当づくりなど、それまで以上に子どもの勉強のサポートを徹底しました。

その前提として、両親のどちらが子どもの教育を担当するかをよく話し合って決めておくことが大切です。

最近は子どもの受験を手伝いたがる熱心なお父さんも増えているようですが、そのときにお母さんと意見が違ったりすると、子どもにいらぬ混乱を与えてしまいます。

夫婦共働きも多いので、役割分担などについても、しっかりと話し合って具体的に決めておくといいでしょう。

わが家では子どもの教育は専業主婦である私が全責任を持ってサポートしました。

子どもたちが中学受験塾に通うようになってから、私が最初にやったのが、1週間の勉強の「時間割」をつくることでした。

その時間割とは、「塾で勉強する時間」「宿題の割り振り」「テストの時間」「家庭学習の時間」を決めてまとめたものです。

就寝時刻は原則、小4は22時30分、小5は23時、小6は23時30分。受験期には24時を過ぎても勉強させているご家庭もあるようですが、まだ小学生の子どものことですから健康第一です。

睡眠時間を確保しながら、無理のないスケジュールで勉強させたほうがパフォーマンスも発揮しやすいです。

時間割とは別に、1人1冊ノートを用意して、その日にやる勉強内容を私が書いて毎日手渡していました。単にその日にやる科目を書くのではなく、「算数の宿題3問、30分」「漢字プリント2枚、20分」など具体的に書くのがポイントです。

幼いころから毎日わが子の勉強を見続けていれば、「この量の問題はこのぐらいの時間でできるな」ということはわかります。

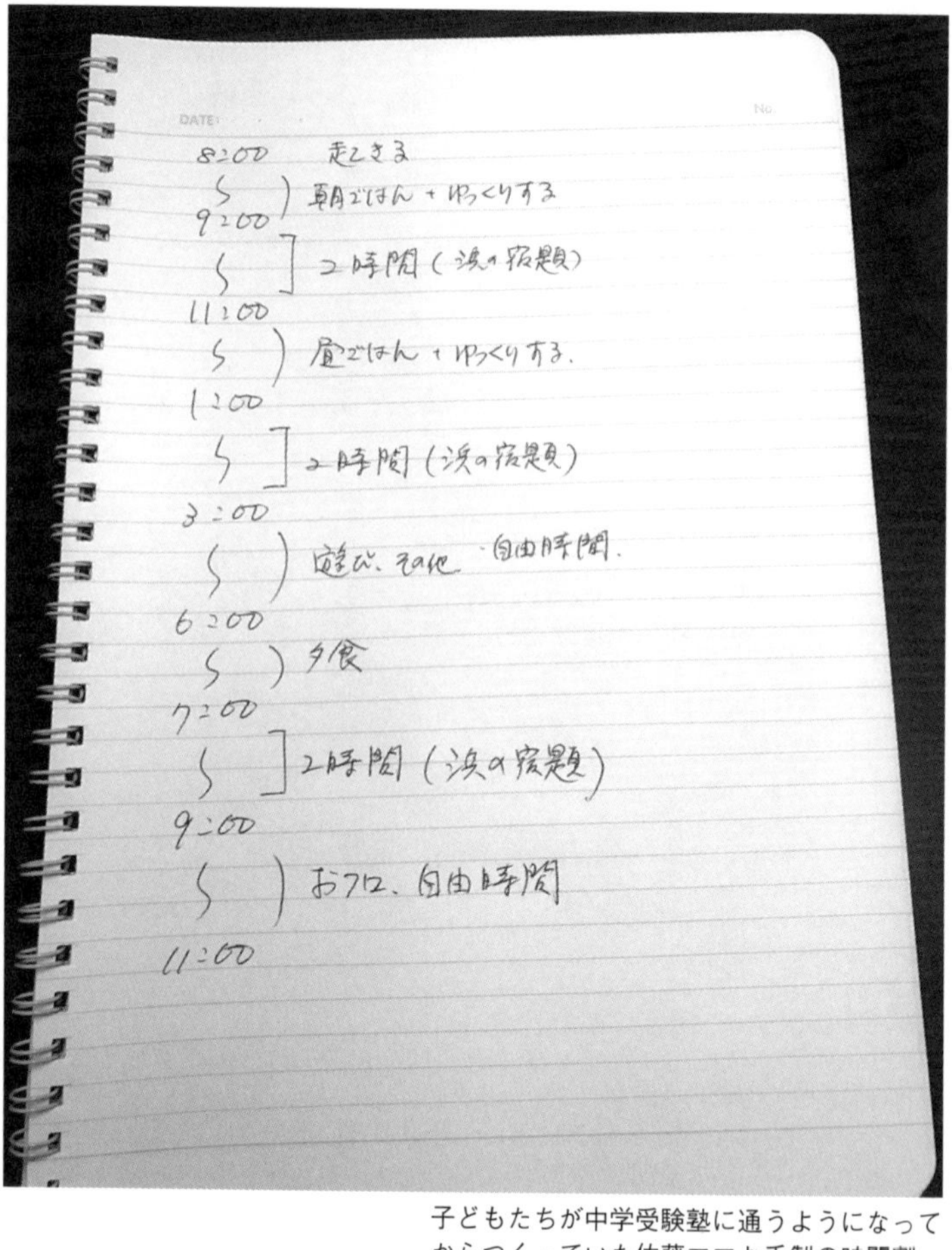


子どもたちが中学受験塾に通うようになってからつくっていた佐藤ママお手製の時間割

塾の宿題は多かったので、一気にこなすのではなく3分割して、3日に分けて仕上げると、ほどよい分量になりました。

こんなふうに1週間の時間割と毎日のやるべきことを「見える化」して、子どもの目的意識を明確にしてあげて、それをちゃんとやれているかチェックしていたのです。

POINT

**日々のやるべき勉強を親が書いて渡しましょう**

# 38 まったくわからない問題は見直さなくていい

子どもの勉強の採点は、すべて私がやっていました。集中して問題を解き終えて疲れている子どもに、採点をさせるのは危険だからです。

子どもはやり直しが嫌いなので、採点がとても甘くなりますから、親が第三者の目線で厳しく採点して「最終チェック」をしなければいけません。子どもの苦手なところを客観的に把握しやすくもあり、対策を打ちやすくなるメリットもあります。

**子どもは見直しも嫌がります。だからこそ、返却されたテストの見直しは、間違えた問題を全部見直さないことがコツです。**

間違えた問題が1、2問ならすぐに終わりますから見直します。しかし、3問以上間違えたときは、あえて全問を見直しません。「もう少しで正解だった」という惜しい問題を2問だけ選んで見直すのです。

間違いにも「まったくわからない」「少しわかるけれど答えが出なかった」「わかっていたのにつまらないミスをした」など、いろいろあります。

「まったくわからない」という問題に時間をかけて見直しても、結局はよく理解できません。そんな先につながらない見直しは時間の無駄なので、「まったくわからない」という問題は見直さないのです。

7問以上間違えたら、全部を見直しすると2時間以上かかることもあります。それだけで疲れ果ててしまい、そのあとの宿題にとり組めなくなります。

もう少し丁寧に計算をしたら正答できた〝惜しい2問〟だけ見直せば、子どもも「残念だったな、これができていればもっと点がとれたのに！」とモチベーションを維持したまま、次回は気をつけるようになります。

全部見直して完璧にしたほうがいいように思うかもしれませんが、そこが落とし穴です。思い切って見直さない勇気も必要なのです。

POINT

**誤答が多かったら惜しい2問だけ見直しましょう**

# 39
# ノートを100冊くらい常にストックしておく

中学受験塾・浜学園の先生に、「テストで点数がとれない生徒は、ノートにチマチマと小さく書いています。ノートの白い部分の広さと、頭のなかの広さは同じですから、広いスペースに大きな字で書かせてください」と教えられました。

**私はその通りだと思い、子どもには1ページに1問、複雑な問題のときには2ページに1問で解かせました。**

「ノートは効率的にきれいに使う」「ノートをすぐ使い切ってしまってもったいない」などと考えて、小さな字でチマチマと書かせていると発想が広がりませんし、ミスも生じやすいです。

ノート代はケチらず、広いスペースに大きな文字で書かせて、大胆にノートを使わせたほうがいいです。

**わが家にはノートのストックが、常に100冊くらいありました。**

当時はイオンのプライベートブランド「トップバリュ」が10冊1組298円と激安だったこともあり、まとめ買いしてストックしておいたのです。安価な割に紙質はよく、とても書きやすかったです。

高価なノートでなくても、安価なノートで十分でした。そのほうが気楽にどんどん使えます。現在は、私が購入していたトップバリュのノートは販売していないようですが、ノートを数冊セットにして割安販売しているケースは少なくありません。

子どもが気持ちよくノートを使って勉強できるように、束のノートを大量買いして、常にストックしておくことをおすすめします。

POINT

**ノートをたくさんストックして大胆に使わせましょう**

# 40 「特製ノート」「必殺ノート」を手づくり

勉強するときに、ふつうは塾のテキストを左側に置いて問題を見ながら、右側に置いたノートに解答を書きます。私は、それでは勉強がしにくいだろうと思いました。

そこでもっと勉強をしやすくするため、塾のテキストをコピーして、ノートの左上に問題を貼り、その下に広い解答スペースがある「特製ノート」をつくっていました。

実は長男が小4のときまでは、問題をコピーするのではなく、青の万年筆で問題を1問ずつ、間を空けて全部書き写していました。

「青」というのが私なりに工夫したポイントで、黒い字より見やすいのです。さらに見やすいように、ちょっと大きめの字で書いていました。

小5になってからは、塾の算数のテキストを全問コピーして、最初の問題から順にハサミで切りとり、ノートの左ページにノリで貼りました。

やってみると、とても簡単な作業です。解答スペースを広くとっているので、1章にノート1冊をまるまる使うこともありました。

そうやってテキスト1冊分で、15～16冊の「特製ノート」をつくったのです。

難しい文章題で広めのスペースが必要だと思ったら、2ページ分の解答スペースを確保しました。

たまに、難しい問題だと思って解答スペースを2ページ確保したのに、子どもが1ページで解き終わり、もう1ページが余白になってしまうことがありました。

逆に「やさしそうな問題だから1ページで十分だろう」と思っていたら、息子に「この問題はやさしいと思っただろ。難しいから1ページじゃ足りないよ」とツッコまれたこともありました。そのようにスペースが足りなくなったら、レポート用紙に書かせてノートに貼っていました。

ノートに問題のコピーを貼るだけではなく、「式と計算」「最小公倍数」など問題集の章タイトルを章ごとに色を変えて太い水性ペンで書きました。ピンク、オレンジなどの暖色系、ブルー、グリーンなどの寒色系を交互に使ってわかりやすくしました。

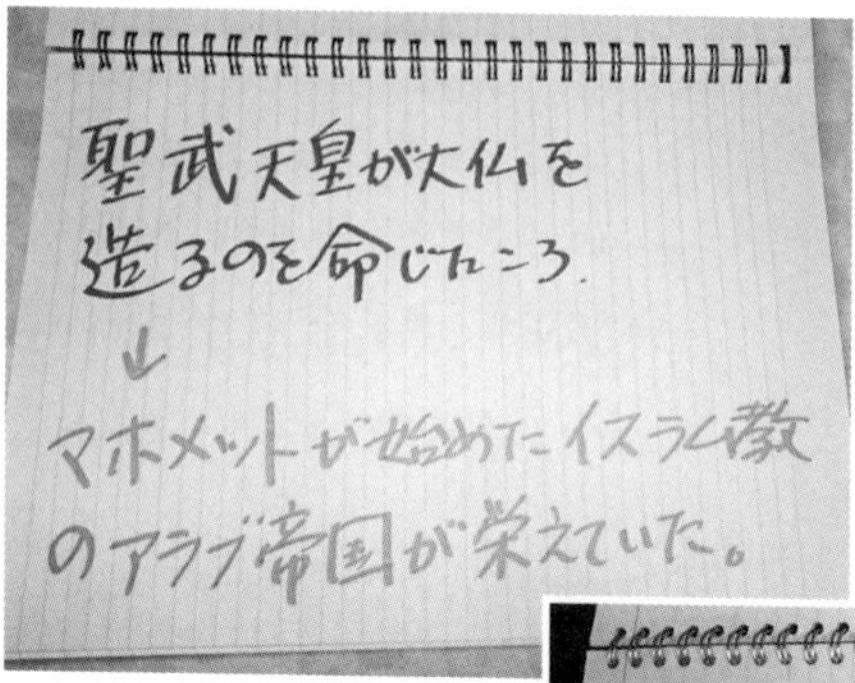


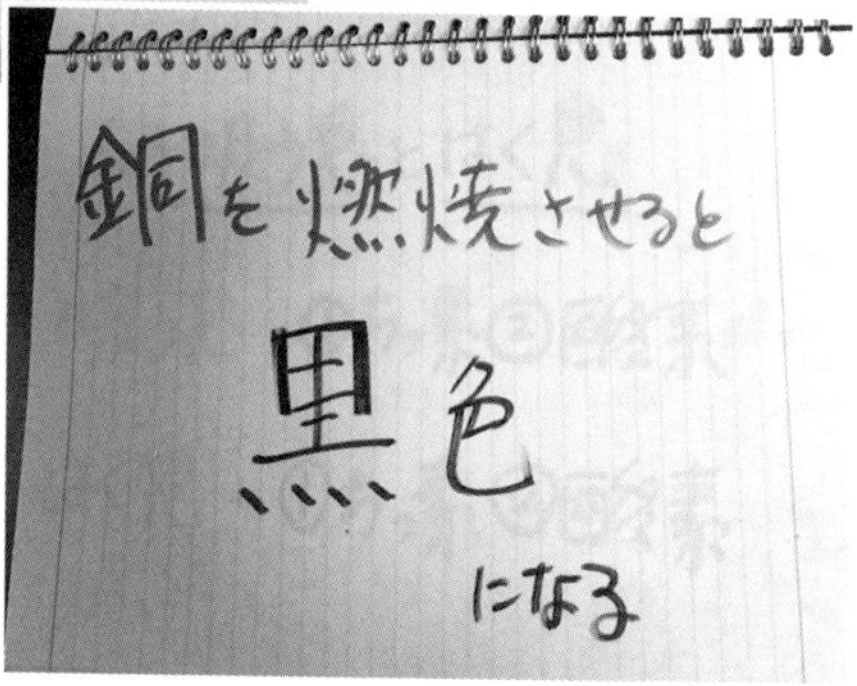


間違ったところを大きく書いて
後で見直す「必殺ノート」

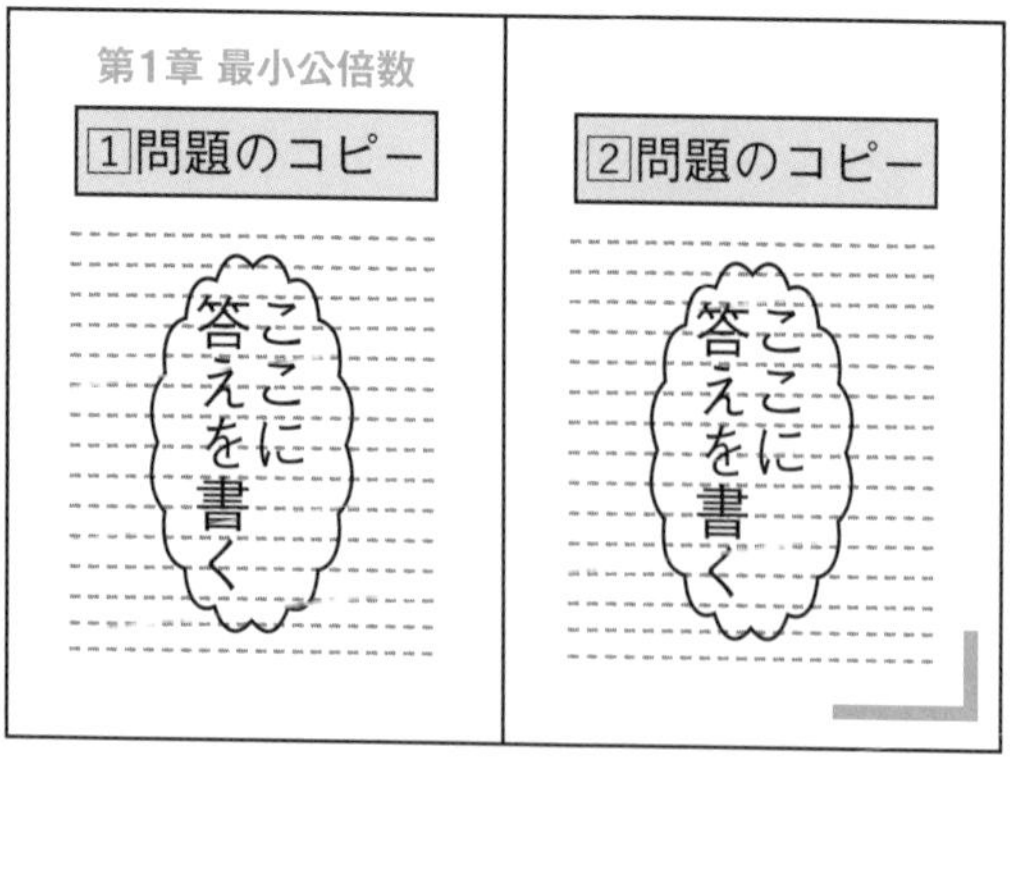


ノートに問題のコピーを
貼って章タイトルと」を
書いた「特製ノート」

章の終わりには、その章のタイトルと同じ色で大きく終わりの印として「┛」を書きました。子どもはページをめくりながら、終わりの印の「┛」が見えると「もう少し！」とやる気を出していました。

「特製ノート」とは別に、子どもがテストで何度も間違えた項目や重要事項をまとめた「必殺ノート」もつくっていました。

この「必殺ノート」も各ページを大きく活用し、大きな文字で、さまざまな色を使ってカラフルに書きました。

「必殺ノート」は中学受験のとき、見直しのために次々にページをめくるので、ページをめくりやすいリングタイプのA４ノートを使うことにしていました。

**POINT**

**子どもが勉強しやすいように親がオリジナルノートをつくりましょう**

# 41 文房具類は100均をとことん利用

模試の問題と解答、プリントなどはゴチャゴチャにならないように、Ａ４サイズのクリアケースやクリアファイルを大量に買い込んで整理整頓していました。**長男は青、次男は緑、三男は黄、長女はピンクと、それぞれにパーソナルカラーを決めて、ケースやファイルの背に、それぞれのカラーのビニールテープを貼り、ひと目で誰のものかわかるように工夫したのです。**

大学入試の模試の問題と解答は、ふたのついたＡ４サイズのクリアボックスにまとめて入れて整理。「どの予備校」の「いつの摸試」か、すぐわかるようにペンで書いておきました。

こうすることでチェックしたい模試をすぐに手にとることができ、探し出すために無駄な時間を使うことはありませんでした。

長男は青、次男は緑、三男は黄色、長女はピンクと、それぞれにパーソナルカラーを決めて、クリアケースとクリアファイルで整理(白黒写真でわかりにくいですがご容赦ください)

こうしたケースやファイルなどは、１００円ショップで買うことが多かったです。

模試の問題や解答の整理などは、一度試してみないと、どんなやり方がいいのかわかりません。

最初から高価なケース類を購入すると、総額でかなりの金額になりますから、ふと思いついたやり方を気軽には試せません。

１００均の商品だと、わりと気軽に「とりあえず試してみよう」となります。

ベストな方法を探すためには、無駄になることを恐れず、試行錯誤することが大切。

仮に失敗しても損失はそこまで大きくはないようにするために、いろいろなものがそろっている１００円ショップをよく活用していました。

**POINT**

**思いついたアイデアは無駄を恐れず**
**１００均の商品で試してみましょう**

# 42 中学受験をしないなら中3で英検2級

中学受験をする小学校高学年の子どもには、受験塾以外の習い事をしている余裕はありませんが、中学受験をしないのであればおすすめしたいことがあります。

それは「英検」（実用英語技能検定）、「英検Jr.」（旧児童英検）、「算数検定」（実用数学技能検定）、「漢検」（日本漢字能力検定）といった検定にチャレンジしておくことです。とくにおすすめは「英検」と「英検Jr.」です。

5教科のなかでも、英語の受験勉強は、国語・数学・理科・社会に比べて仕上げるのに時間がかかります。高校受験を視野に入れ、とくに英語は早め早めに先手を打って進めておくといいです。

中学進学後は、高校受験を念頭に「英検」にチャレンジしておきたいところです。数学を独学で進めるのは難しいですが、英検対策は独学で進めやすいです。

中3の時点で「高校中級程度」の準2級か、「高校卒業程度」の2級に合格しておくのが理想です。実のところ準2級や2級はかなりハードルが高いのですが、少なくとも3級は必ず合格しておきましょう。

数学の進度が速い中高一貫校の生徒たちと大学受験で争うことを想定して、仕上がりに時間のかかる英語は、小学校高学年から徐々に底上げしておいたほうがいいです。

また、日本史や世界史の場合、「学習漫画」を読むと効果的です。歴史は、なんといっても全体の流れをつかむと頭に入りやすい教科ですから、ストーリーを楽しみながら全体の流れをつかめる学習漫画は最適なのです。

わが家では、長男が小3のころにそろえた日本史と世界史の学習漫画を、中学の定期テストのときにも読み直していました。

テストの範囲を学習漫画でおさらいしてから勉強すると、記憶に残りやすいです。

**POINT**

**仕上がりに時間がかかる英語は早めにとり組んでおきましょう**

## Column 4

# 周りの人や情報に振り回されない

最近は、フェイスブックやインスタグラム、ブログなどで、誰もが簡単に情報を発信することができます。知り合いの投稿を見つけるとフォローして、そこに書かれたことと自分の生活を、思わず比べてしまいがちです。

「ハワイ旅行しています」「美味しいお料理を食べています」「息子が有名中学に合格しました」などと投稿している場合、日記代わりに自分の記録や思い出として載せていることもありますが、こうしたものには「自己承認要求」がつきもの。要するに自慢したい気持ちがかなり含まれています。“リア充（＝リアルな生活の充実）自慢”というやつですね。

情報を発信するのはその人の自由ですから、その投稿をどう受け止めるかが問題になります。SNSを通じて他人のリア充自慢を簡単に知ることができますが、だからといって自分と比べてうらやましく思ったり、嘆いたり、無理に他人の生活に合わせようなどと考えないことです。

知り合いがハワイ旅行したから、「うちも行かなくちゃ」と思ったり、子どもを有名塾に通わせ始めたから、「うちも入れなくては！」と思わないことです。

誰かに合わせたり、誰かと張り合ったりする必要はありません。自分は自分、他人は他人。いわれてみれば当たり前に思うかもしれませんが、自分のこととなると、意外にやってしまいがちなのです。

他人と比べないということは、すべてにおいて、子育ての基礎となる考え方です。

第5章

# 高校時代は3つの塾にトリプルで通わせた

# 43 自宅から通える名門中高一貫校を目指す

近年の東大合格者数、国公立大学医学部医学科合格者数のランキングをみると、中高一貫校がずらりと名を連ねています。

次ページからの表をみると、２０２０年度の東大も医学部も合格者数トップ20のうち16校が私立中高一貫校です。

中高一貫校は勉強の進み方が速く、高2の終わりぐらいには高3の授業が終わります。高3では大学入試対策の演習をすることが多いですから、ランキング上位に中高一貫校が名を連ねるのは当然といえます。

自宅から通える範囲に名門の中高一貫校があれば、小2〜小3の2月から中学受験塾に通わせて、目標とする大学への進学実績がある中高一貫校に進学させることが、難関大学や医学部を目指す王道です。

## 東大合格者数トップ20（2020年度）

| 順位 | 高校 | | 所在地 | 卒業生数 | 合格者数 |
|---|---|---|---|---|---|
| 1 | 私立 | 開成 | 東京 | 397 | 185 |
| 2 | 国立 | 筑波大学附属駒場 | 東京 | 161 | 93 |
| 3 | 私立 | 桜蔭 | 東京 | 229 | 85 |
| 4 | 私立 | 灘 | 兵庫 | 220 | 79 |
| 5 | 私立 | 渋谷教育学園幕張 | 千葉 | 354 | 74 |
| 6 | 私立 | 麻布 | 東京 | 302 | 63 |
| | 私立 | 駒場東邦 | 東京 | 227 | 63 |
| 8 | 私立 | 聖光学院 | 神奈川 | 228 | 62 |
| 9 | 私立 | 海城 | 東京 | 317 | 59 |
| 10 | 私立 | 栄光学園 | 神奈川 | 178 | 57 |
| 11 | 私立 | 西大和学園 | 奈良 | 374 | 53 |
| 12 | 私立 | ラ・サール | 鹿児島 | 213 | 42 |
| 13 | 公立 | 日比谷 | 東京 | 326 | 40 |
| 14 | 私立 | 浅野 | 神奈川 | 267 | 39 |
| 15 | 国立 | 筑波大学附属 | 東京 | 233 | 36 |
| | 私立 | 東大寺学園 | 奈良 | 202 | 36 |
| 17 | 私立 | 渋谷教育学園渋谷 | 東京 | 232 | 35 |
| 18 | 公立 | 浦和・県立 | 埼玉 | 371 | 33 |
| | 私立 | 女子学院 | 東京 | 230 | 33 |
| | 私立 | 甲陽学院 | 兵庫 | 207 | 33 |

大学通信調べ

## 国公立大学医学部医学科合格者数トップ20（2020年度）

| 順位 | 高校 | | 所在地 | 卒業生数 | 国公立大学合格者数 | 東京大学合格者数 | 京都大学合格者数 |
|---|---|---|---|---|---|---|---|
| 1 | 私立 | 東海 | 愛知 | 417 | 94 | 1 | 2 |
| 2 | 私立 | 灘 | 兵庫 | 220 | 79 | 14 | 24 |
| 3 | 私立 | 洛南 | 京都 | 441 | 69 | 3 | 8 |
| 4 | 私立 | 四天王寺 | 大阪 | 396 | 67 | | 3 |
| 5 | 私立 | 久留米大学附設 | 福岡 | 203 | 65 | | |
| 6 | 私立 | 愛光 | 愛媛 | 238 | 63 | | 2 |
| 7 | 私立 | 青雲 | 長崎 | 223 | 61 | | |
| | 私立 | ラ・サール | 鹿児島 | 213 | 61 | 2 | 3 |
| 9 | 私立 | 東大寺学園 | 奈良 | 202 | 58 | 1 | 11 |
| 10 | 私立 | 甲陽学院 | 兵庫 | 207 | 57 | 1 | 9 |
| 11 | 公立 | 札幌南 | 北海道 | 314 | 51 | 1 | |
| 12 | 私立 | 清風南海 | 大阪 | 305 | 49 | 1 | 2 |
| 13 | 公立 | 新潟 | 新潟 | 363 | 45 | | |
| | 公立 | 熊本 | 熊本 | 400 | 45 | | |
| 15 | 公立 | 仙台第二 | 宮城 | 316 | 44 | | |
| | 私立 | 昭和薬科大学附属 | 沖縄 | 205 | 44 | | 1 |
| 17 | 私立 | 桜蔭 | 東京 | 228 | 42 | 7 | |
| 18 | 私立 | 渋谷教育学園幕張 | 千葉 | 354 | 41 | 2 | 1 |
| | 私立 | 西大和学園 | 奈良 | 374 | 41 | 3 | 5 |
| 20 | 私立 | 広島学院 | 広島 | 181 | 40 | | |

東大・京大合格者数には推薦・特色入試合格者も含む

大学通信調べ

名門の中高一貫校の教師は、難関大学の入試を熟知していますから、適切な指導をしてくれます。さらに先輩たちが目指すべき目標となる「ロールモデル」となり、同級生たちとも高いレベルで切磋琢磨できます。

わが家の3兄弟は、奈良の自宅から電車で片道2時間くらいかけて灘中・灘高に6年間通学しましたが、先輩や同級生からとてもいい刺激を受けました。

灘もそうですが、私立の中高一貫校には、ほぼ同じ教師陣が中学入学から高校卒業まで6年間一貫して受け持つ「学年団」（持ち上がり制）が少なくありません。

**大学入試の問題を高いレベルで教えることができる教師陣が、中1から高3まで6年間一貫して教えてくれることは大きな強みです。**

学年団の先生で生徒の情報を共有します。6年間ずっと同じ生徒を見てくれて、それぞれの得意・不得意科目や性格まで把握して指導してくださる学年団方式には、大きな恩恵を受けられました。

大学受験を考えると、やはり中高一貫校が有利です。

自宅から通える中高一貫校がない場合、「親戚の家から通う」「寮のある中高一貫校を選ぶ」「食事つきの下宿から通う」といった選択肢もあります。

ただし、お子さんの性格などをよく考えて、親元を離れた生活ができるかどうか、慎重に検討してください。

中学生は、まだ子どもですから、親元を離れて暮らすことになったら、中学3年間は親が頻繁に連絡をとったり面会に行ったりすることが欠かせません。

POINT

**中高一貫校の「学年団」は大きな強みです**

# 44 中高一貫校では高校の入学金も払う

私立の中高一貫校の学費には、かなりの幅があります。おもな中高一貫校の入学金・授業料などを次ページの表にまとめたので、参考にしてください。

中高一貫校の入学金は、中高一貫とはいえ、中学入学時だけでなく、高校入学時にも再度支払います。その他の費用については、「施設費」「生徒会費」など学校によってまちまちです。

中高一貫校の受験料は中学受験のみですが、学校指定品の購入費用などはかかりますし、任意で寄付金を求める学校も多いです。

費用として忘れてはならないのが、通学の交通費です。わが家の息子たちは、奈良の自宅から神戸の灘までの電車通いの往復で1回約２５００円、学割で毎月1万２０００円かかっていました。

## おもな私立中高一貫校の学費

| 学校 | 中学入学金 | 中学年間授業料 | 高校入学金 | 高校年間授業料 | その他（施設費、諸経費など） |
|---|---|---|---|---|---|
| 開成 | 32万円 | 49万2000円 | 32万円（内部進学生は半額） | 49万2000円 | 30万4200円（中1・高1）<br>25万4200円（中2・3、高2・3） |
| 麻布 | 30万円 | 49万4400円 | 18万円 | 49万4400円 | 28万5800円 |
| 武蔵 | 37万円 | 52万円 | 25万円 | 52万円 | 33万2200円 |
| 駒場東邦 | 30万円 | 48万円 | 15万円 | 48万円 | 27万6000円 |
| 桜蔭 | 38万円 | 44万7600円 | 22万円 | 44万7600円 | 21万8500円 |
| 女子学院 | 38万円 | 49万2000円 | 20万円 | 50万2800円 | 20万9420円 |
| 雙葉 | 24万円 | 52万9200円 | 17万円 | 52万9200円 | 24万3600円 |
| 豊島岡女子学園 | 26万円 | 42万円 | 26万円（内部進学生は11万円） | 40万8000円 | 20万8000円（中1・高1）<br>7万3000円（中2・3、高2・3） |
| 灘 | 25万円 | 44万4000円 | 25万円（内部進学生は半額） | 45万6000円 | 45万4000円（中1・高1）<br>20万4000円（中2・3、高2・3） |
| 東大寺学園 | 20万円 | 66万2000円 | 20万円（内部進学生は半額） | 66万2000円 | 14万7000円 |
| 大阪星光学院 | 30万円 | 54万円 | 30万円（内部進学生は25万円） | 54万円 | 中学 10万2200円<br>高校 8万2200円 |
| 甲陽学院 | 20万円 | 40万8000円 | 20万円 | 40万8000円 | 中学 44万6000円<br>高校 37万1000円 |
| 洛南 | 16万円 | 64万8200円 | 16万円（内部進学生は15万円） | 64万3200円 | 6万5800円（中学）<br>5万4200円（高校） |
| 西大和学園 | 25万円 | 38万円 | 25万円 | 38万円 | 中学 36万5200円<br>高校 38万9200円 |

ホームページと取材をもとに作成（制服代などは含まず。学校によっては2019年度の学費）。

※その他の費用は、灘の高1の内部進学生は32万9000円、東大寺学園の高1の内部進学生は9万7000円、洛南の中2と中3は5万8800円、高2と高3は4万2200円。その他の費用は学校ごとに異なるため、ホームページをご確認ください。

### おもな国公立中高一貫校の学費

| 学校 | 中学入学金 | 中学年間授業料 | 高校入学金 | 高校年間授業料 |
|---|---|---|---|---|
| 筑波大学附属駒場（東京） | 0円 | 0円 | 5万6400円 | 11万5200円 |
| 千葉県立千葉（千葉） | 0円 | 0円 | 5650円 | 11万8800円 |
| 京都府立洛北高校附属（京都） | 0円 | 0円 | 5650円 | 11万8800円 |
| 京都市立西京高校附属（京都） | 0円 | 0円 | 5650円 | 11万8800円 |

２０２０年度の初年度納付金がもっとも高いのは、慶應義塾大学の附属中学です。慶應義塾普通部、慶應義塾中等部、慶應義塾湘南藤沢中等部は、入学金が34万円。入学金を含めた初年度納付金は、普通部と中等部が１４１万５０００円、湘南藤沢中等部は１４９万５０００円です。

おもな国公立中高一貫校の学費も上の表にまとめました。国公立の中高一貫校は、中学の学費は無料。高校も私立より学費が安いため、人気を集めています。

国立の筑波大学附属駒場高校の入学金は５万６４００円、年間授業料は11万５２００円。公立高校の授業料はほぼ同じですが、入学金は５６５０円と格安です。

## 45 3つの塾にトリプルで通わせた

東京と大阪に、東大受験指導専門塾として有名な「鉄緑会」があります。

東京校では、原則として多数の東大進学実績がある有名校の生徒のみを「指定校生徒」として受け入れ（2020年の指定校は13校）、さらに学力別のクラス編成をしています。開成、筑波大学附属駒場、桜蔭といった指定校の生徒は、中1になったばかりの4月に無試験で入会し、早々に通い始めるケースが多いようです。

一方、大阪校には指定校制度がありません。わが家の息子たちは中3と高1から鉄緑会に通い始めました。娘は女の子だけに息子たちに比べて体力面の不安があるので、「早めがいい」と考えて中1から早々に通わせました。

高1から鉄緑会に通い始めた長男は、数学のみ受講。高2になると、鉄緑会での数学に加え、関西で有名な「研伸館」で英語と物理、「河合塾」で化学を受講しました。

鉄緑会、研伸館、河合塾と3つの塾に分けて通ったのは、各教科で評判のいい講師の

先生を選んでのことです。高3になってからは、英語を研伸館から鉄緑会での受講に変更し、それ以外の科目は高2と同じ塾で受講しました。

次男は、中3の後期から鉄緑会に通い、数学と英語を受講しました。鉄緑会の学習進度は灘よりも速く、鉄緑会のテストでは灘で習っていない内容が出題され、当初はまったく点数がとれませんでした。

次男は数学に自信を持っていたので、そのことに驚かされたようです。そこで鉄緑会の中3前期のテキストを「もう理解したからいらない」という灘の友人に譲ってもらい、目の色をかえて自力で勉強して鉄緑会の進度に追いつきました。

高1になると、数学と英語はそのまま鉄緑会で受講し、英語と物理は研伸館、化学は河合塾で受講しました。英語を鉄緑会と研伸館で〝ダブル受講〟したのは、次男は英語が苦手だったからです。

高2になると、3カ所の塾に通うのは大変なので、数学、英語、物理、化学の受講を鉄緑会に一本化。ただし、苦手な英語だけは研伸館とのダブル受講を続けました。

次男は「ダブルで英語をとっているのは俺だけだ」とブツブツ文句をいっていました

が、高3になってからは研伸館との英語ダブル受講をやめて、数学、英語、物理、化学のすべてを鉄緑会に一本化しました。

このように次男だけ手厚く2つの塾で英語を勉強させたのは、息子3人が通っていたバイオリン教室の先生に、**「子どもが3人いると2番目はつぶれやすいから、次男さんには気をつけてくださいね」**といわれたことが影響していました。

一方、三男は中3の4月から、長女は中1の4月から、鉄緑会のみで受講しました。三男は中3と高1は数学と英語、高2から数学、英語、物理、化学を受講。長女は中1の前期は数学のみ、中1の後期から高1は数学と英語、高2からは兄たちと同じく数学、英語、物理、化学を受講しました。

どの塾に通うかは、同じ学校の先輩や同級生の評判、進学実績などを調べて選びました。東大進学者数の多い灘校生は、やはり鉄緑会に通う生徒が多かったです。

POINT

**3人きょうだいなら2番目は注意しましょう**

# 46 高校時代は塾の夏期講習より自宅で過去問を解かせる

中学受験で塾代がかなりかかった印象が強いため、大学受験に備える鉄緑会の受講料を最初に知ったとき、率直なところ「メチャクチャ安い!」と驚きました。

受講料は1科目につき月1万5000円でした。研伸館、河合塾の授業料は鉄緑会と同じくらいか、少し高かったと記憶しています。

東京校の講師はほぼ全員が東大卒か東大生ですが、大阪校の講師は京大や阪大の医学生が多かったです。

小6の夏に講習や特訓を受けたこともあり、かなり塾代がかかった中学受験に比べると、大学受験では塾代がかからなかった印象です。

鉄緑会に通った息子3人は受講内容を理解できていたので、別枠の夏期講習は一度も受講しませんでした。

鉄緑会である程度成績が出ていれば、夏期講習を受けるより自分でどんどん問題を解

## おもな大学受験塾・予備校

| 大学受験塾・予備校 | 電話番号 |
| --- | --- |
| 市進学院 | 0120-80-0877 |
| Z会進学教室 | 0120-2828-76（首都圏 Z会東大進学教室）<br>0120-797-808（関西圏 Z会京大進学教室） |
| 河合塾 | 0120-198-767 |
| 研伸館 | 0120-722-593 |
| 駿台予備学校 | 0120-55-2418 |
| 鉄緑会 | 03-3375-6893（東京校）、06-6485-0170（大阪校） |
| 東進ハイスクール | 0120-104-555 |
| 四谷学院 | 0120-428-255 |
| 代々木ゼミナール | 0120-07-4305（本部校代ゼミタワー） |
| 早稲田アカデミー | 0120-97-3737 |

いたほうが効果的だと、私が判断したからです。

夏には駿台予備学校、河合塾、代々木ゼミナールが実施する「東大模試」がありますから、息子3人は東大模試の過去問集をひたすら解きました。

長女が鉄緑会に通っていたころは、成績がいい生徒も夏期講習を受けていたので、念のため高2までは夏期講習を受講させました。高3になったら長女も兄たちと同じように夏期講習は受講せず、東大模試の過去問集を解くことを強くすすめたのですが、「夏期講習を受けたい」と自分の意見を曲げなかったのです。

それが親子喧嘩にまで発展してしまい、息子たちに相談したところ、「とりあえず2日間だけ夏期講習を受けてみる」という折衷案をくれたので、長女は2日間だけ夏期講習を受講しました。

そういうことなので、息子たちの高校時代の夏期講習代はゼロでしたが、長女は高2まで夏期講習を受講し、高3のときはわずかな講習代となりました。

高校によっては、予備校の講師が出張授業に来校してくれたり、独自の講習に力を入れたりしているケースもあります。そういうオプションが高校になければ、塾通いの費用も考えておく必要があります。

おもな大学受験塾・予備校を前ページの表にまとめましたが、受講するコースや科目数などで費用はかなり違ってきます。参考にしつつホームページで確認したり、電話で相談したりして、お子さんに合ったところを選んでください。

**POINT**

**高校のオプション授業がなければ塾通いさせましょう**

# 47 公立校だからお金がかからないとは思わない

この章の冒頭でお話ししたように、難関大合格のための王道は、名門の中高一貫校に進学することです。

とはいえ、そもそも中高一貫の進学校がない「県」はたくさんあります。親元を離れて寮や下宿、親戚宅から通うという選択肢もありますが、それが難しくて難関大合格を目指すとなれば、地元のトップ高校を目指すことになるでしょう。

**中学に入ったら、すぐ担任の先生に「内申書」について尋ねましょう。**

県によって内申書の扱いは違います。定期テストで好成績を修めるだけでなく、部活動、学校行事、生徒会活動などを内申書に反映するケースも多いですから、個々の事情を最初にきちんと踏まえておいたほうがいいです。

## おもな高校受験塾

| 塾 | 電話番号 |
|---|---|
| SAPIX中学部 | 0120-3759-86 |
| Z会進学教室 | 0120-46-2828（首都圏）<br>0120-797-807（関西圏） |
| 市進学院 | 0120-80-0877 |
| 河合塾Wings | 0120-199-917（首都圏）<br>0120-176-602（東海） |
| 国大セミナー | 0120-590-215 |
| 四谷学院 | 0120-428-255 |
| 早稲田アカデミー | 0120-97-3737 |

中高一貫校がある都道府県に住んでいても、「私立の中高一貫校はお金がかかるから、公立中学・高校に入れたい」と考えるご家庭も多いでしょう。

公立高校の入学金は5650円、年間授業料は11万8800円。この金額だけを見ると、たしかに私立の中高一貫校よりも、公立中学・高校の授業料は安いです。

しかし、公立中から高校受験をする場合、内申点を上げるために多くのケースで中1から塾通いします。

中1から塾通いするか、中3のときだけ塾通いするかによって費用は違うものの、「公立だからお金はかからない」とは思わないことです。

高校受験のための塾代は、けっこう高額です。難関校を目指すためには、中3のときの年間授業料が100万円前後の塾も少なくありません。おもな高校受験塾と問い合わせ先を前ページの表にまとめましたので参考にしてください。

わが家の場合、息子3人が大学受験のための塾通いを始めたのは、中3か高1からでした。高1から通った長男は、中学時代に塾代がまったくかかっていません。

**中学時代に部活動に打ち込んでも、定期テストの勉強をしっかりとやり、高校からは部活と塾通いを両立させれば、志望大学に合格することが可能でした。**

公立高の生徒は入学して約3年後、学習進度が速い中高一貫校の生徒と大学受験で争わなくてはならないことを自覚して、早め早めに受験の用意をすることが求められます。

小学校受験、中学受験、高校受験と、どの受験を選ぶかについては、それぞれのメリット・デメリットを考えて、しっかりと相談して決めましょう。

POINT

**私立と公立の学費は塾代を含めて総合的に判断しましょう**

## Column 5

# お金の使い方は親の人生観が反映する

三男が生まれた年の１月17日早朝、阪神・淡路大震災を引き起こした兵庫県南部地震が起こりました。わが家のある奈良は「震度４」。私たち夫婦はびっくりして起き上がりましたが、３歳の長男ともうすぐ２歳になる次男は、寝たままでした。

わが家はなにも壊れることなく無事でしたが、兵庫県ではかなりの被害が出ました。

私の友人は、趣味で高価なコーヒーカップを収集していましたが、すべて割れてしまったそうです。新築したばかりの自宅が倒壊してしまった人もいました。

あの震災で私は、人生観や価値観がかなり変わりました。「形あるものは壊れてしまう」ということを痛感したのです。

そして、なにがあっても壊れず、ずっと役立つことを最優先にお金と時間を使おうと決心しました。それは、子どもの「健康な体」と「学力の徹底」ということです。この２つに重点を置こうという思いをさらに深めました。

健康な体のために、多少高くても無農薬の米や野菜、肉、調味料などをとり寄せました。冷凍・レトルト食品は一切使わず、ほぼすべてを手づくりして子どもたちに食べさせました。

人生に唯一絶対の正解なんてありませんから、なにを信じて、なににお金と時間をかけるかは、人それぞれの考え方次第です。私自身は、破産するようなことがなければ、どんな人生もアリかなと思ったりもします。

よく考えてみれば、人生は“賭け”のようなところもありますし、なににお金をかけるかは、それぞれの「人生観」「価値観」によって違ってくるということでしょうか。

# 第6章

# 受験にかかる費用は惜しまない

# 48 参考書・問題集の購入費を惜しまない

中学受験のときは、塾のテキストや問題集を重視したので、市販の参考書・問題集は購入しませんでした。

しかし、中学に進学してからは、必要に応じて参考書・問題集を購入しました。子どもが自分で書店に行く時間がなかったときには、私が書店で購入しました。

子どもから書名を指定されて買うこともありましたが、それが本人に合わないことも考えられます。何度も書店に行く時間も手間ももったいないので、指定された本以外に「これもいいかも」と私が思ったものは、まとめて買いました。

**どちらの本にしようかと悩むこともよくありましたが、2冊の選択肢のうち1冊を選ぶのではなく、両方買って試してみるのです。**

どちらがいいのかは、実際に子どもが使ってみないとわかりません。とはいえ、どちらにするかいろいろと考え込む時間も無駄です。

一度に何十冊も買うわけでもありませんから、いいと思った参考書・問題集は、子どもたちのためにすべて購入してみることにしたのです。

それで無駄になる参考書・問題集があってもいいと、割り切っていました。そう考えたのは、子どもが4人いるという事情も大きかったです。

長男が使わなくても次男、次男が使わなくても三男、三男が使わなくても長女が使うかもしれないので、まったく無駄になることはないだろうという目算もありました。

たくさんの参考書・問題集をまとめ買いしてくると、それに気づいた子どもたちから「また、全種類買ってる〜」なんて笑われました。

**当時の私は、結果として使わない参考書・問題集を買ってお金の無駄になるよりも、「悩んで無駄になるわずかな時間」のほうが貴重だと考えていたのです。**

全力で子育てしていましたから、それほど時間に追われる生活だったということです。

POINT

**お金より時間の無駄を重要視しましょう**

# 49 「探す無駄」をなくすため並べ方を工夫

なにかするとき、「必要なものを探すところから始める」という行為ほど無駄なものはありません。なにかしようとするたびに、そんなことに時間を奪われていてはもったいないのです。

その点、参考書・問題集は、ただ本棚に並べただけでは、いちいち背表紙を見て書名を探さなくてはなりません。背表紙は幅が狭いぶん、書名の文字が小さいので、探すときに意外と手間がかかってしまいがちです。

そこで私は、どの参考書・問題集でも瞬時に見つけられるように、国語、数学、英語、物理、化学などの「教科別ボックス」を用意しました。

**100円ショップで、プラスチックのボックスをたくさん買ってきて、それぞれのボックスにペンで大きく教科名を書いて本棚に並べたのです。**

現代文を勉強するとしたら
この教科別ボックスごと机
に持ち運んで利用する

参考書や問題集を教科別
にまとめて収納していた
「教科別ボックス」。本棚は
幼少期に手づくりした2段
本棚(51ページ参照)を増設
してつくったもの

勉強するときは、その「教科別ボックス」ごと机に持って行って脇に置いて利用します。片づけるときも、ボックスごと本棚に戻すだけ。いろいろな手間が省けて、とても便利でした。

**「教科別ボックス」に入れる参考書・問題集はあくまで教科別であって学年別ではありません。全学年の参考書・問題集を全員の受験が終わるまですべてとっておきました。**

それは理解できない問題があったら、必ず前の学年の内容に戻って見直すからです。わざわざ前の学年に戻って勉強することは回り道のようでいて、結局は「急がば回れ」でいちばん早く理解が深まる方法なのです。

そのためには、全学年の参考書・問題集を教科別にまとめておくと便利です。

POINT

**教科別ボックスをつくって探す手間を省きましょう**

# 50 過去問は3種類そろえて早めにとり組む

大学受験生なら、誰でも志望校の「過去問」を解きます。過去の大学入試で実際に出題された過去問を見れば、志望校の出題傾向や頻出分野、さらには志望する大学がどのような学生が欲しいかまでわかってくるからです。

わが家の子どもたちも、過去何年分もの過去問をくり返し解いて、受験への自信を深めていきました。

代表的な過去問集といえば『赤本』（教学社）ですが、おもな大学の過去問をそろえているほか、『東大の理系数学27カ年』など教科別の過去問もあります。

過去問集は、ほかにも『青本』（駿台文庫）、『黒本』（河合出版）もあります。

**同じ過去問集でも解き方や解説は異なりますから、赤本・青本・黒本と3種類そろえて、苦手な科目や分野の解説を横断的に読んで理解を深めるようにしました。**

過去問は、できるだけたくさん解いたほうが合格の可能性が高まります。遅くても高3の9月ぐらいから、過去問を解き始めるとよいでしょう。

「もっと実力がついてから解こう」と考える受験生も多いのですが、過去問にとり組むことを先延ばしにしているうちに時間が足りなくなり、「もっと早く過去問を解いておくべきだった……」と後悔するケースが後を絶ちません。

不合格となった受験生が「時間が足りなかった」といい訳したりすることもありますが、時間は誰にでも平等にあります。始めるのが遅かっただけです。

完全に解ける実力がついていなくて、最初は間違いが多くてもいいのです。過去問には早めにとりかかったほうが得策です。

2021年1月から「大学入学共通テスト」が始まります。

とくに英語や現代文は、高1から共通テスト対策の過去問にチャレンジして、早めの対策を立てておくことをおすすめします。

**POINT**

**過去問は実力がついていなくてもチャレンジさせましょう**

# 51 過去問はバラして使いやすくする

過去問集は、けっこう分厚くて重くて、持ち運ぶにはかさばってしまいます。答え合わせをするにも、分厚くて開きにくく、解答を探すのにもひと苦労しがちです。

私は子どもが過去問集を使いやすいように、本をバラして、お手製で製本し直していました。その手順を紹介しておきましょう。

**ステップ1**
問題編と解答編に分割
（問題編は手で簡単に抜きとれます）

↓

**ステップ2**
解答編の表紙と裏表紙をテープでとめる

↓

**ステップ3**
できあがった解答編に年度のインデックスをつける
（一発で解答を探すため）

↓

**ステップ4**
問題編は年度別にカッターで切り分け、ホチキスで5カ所とめる

↓

**ステップ5**
ホチキスの針で怪我をしないよう、ホチキスの針の裏をマスキングテープでとめる

↓

**ステップ6**
教科がわかるように同じ模様のマスキングテープでとめ、バラした問題集がバラバラにならないよう輪ゴム2本でとめる

過去問をバラして独自に製本し、運びやすく使いやすくした過去問集
過去問だけでなく問題集もバラして使いやすくしていた

多少手間がかかっても、このように過去問集をバラしておけば、受験勉強の効率が格段にアップします。

問題編を年度別に分ければかなり薄くなるので、わが家のきょうだいは、小分けしたものを必要なぶんだけ通学用のカバンやリュックに入れ、通学の電車内や学校の休み時間を使って過去問を解いたりしていました。

自宅では、過去問を解き終わったら、すぐに私が子どもの横で採点。間違えた問題の解答と解説を色鉛筆で囲んで見直しやすくしていました。

２回間違えてしまった問題は、１３８ページで紹介した「必殺ノート」にまとめて、模試や入試直前に再チェックしました。

大学入試センター試験は２０２１年から「大学入学共通テスト」となりますが、センター試験の過去問はそのまま使うことができるので、ぜひバラして活用してください。

POINT

**過去問は年度ごとにバラして**
**使う年度だけ持ち運んで解かせましょう**

52

# 英語・古文・漢文は日本語訳を読んであげる

どの受験生にも時間は平等ですから、どのように自分の時間を使うかが勝負となります。いかに効率よく勉強するかが、合否の分かれ目ということです。

次男が東大英語の過去問の見直しに時間がかかっているのを見たとき、私は勉強を効率アップさせる方法として「同時通訳勉強法」を考えつきました。

**東大英語の長文読解問題はかなり長いため、息子が過去問の英文を黙読している横で、私が日本語訳を読んであげたのです。**

息子が英文を黙読するスピードに合わせて、私が日本語訳を音読するだけですから、英語が苦手というお母さんお父さんでも実践できます。

最初のうちは、子どもが英文を黙読するペースに合わせるのが少し難しいかもしれませんが、「もっと早く読んで」とか「もう少しゆっくり」と子どもに教えてもらいペース調整するうちに、すぐ慣れます。

英文は読んでいてわからない単語があると、そこで止まってしまうことがあります。そんなときでも横で日本語訳を読んであげると、「この単語はそういう意味なのか」と瞬時にわかり、いちいち止まることなく一気に読み進められるのです。

いちいち止まって意味を調べたり、わからないまま読み進めたりしなくてもいいので、効率よく勉強できて長文読解力が早く伸びます。

私は英文だけではなく古文や漢文でも、「同時通訳勉強法」を駆使して現代語訳を音読してあげていました。

幼いころから続けていた絵本の読み聞かせの延長のような気持ちで読んだので、私自身も楽しかったです。

みなさんも、ぜひ試してみてください。

**POINT**

**受験は時間との戦い、親が勉強効率化のサポートをしましょう**

# 53 受験シーズンには鍋料理を食べる

受験日が近づいてくると、大切になってくるのが受験生の健康管理です。

わが家では、受験生がいるときには、家族全員が10月と11月の2回、インフルエンザの予防接種を受けていました。いずれ新型コロナウイルスの予防接種も必須になるかもしれません。

受験シーズンは寒い季節ですから、体を温めながら肉や野菜の栄養素がとれる鍋料理をよく食べました。わが家では鶏の手羽先を入れた鍋が、みんなのお気に入りでした。

私がカボス、醤油、みりんで手づくりしたポン酢にもみじおろしを入れて、コラーゲンたっぷりの柔らかいお肉を家族みんなで楽しくいただき、最後にご飯を入れて雑炊にするのが定番でした。

塾で帰宅が遅くなった受験生には、1人用の土鍋にきれいに盛りつけて食べさせたりしました。

## 入試直前はお腹をこわすと大変なので、刺身などの生ものや焼き肉は避けました。

受験を目前に控えた冬休み以降は、午前中から始まる入試に最大限のパフォーマンスを発揮できるように、朝型へ生活リズムを整えました。睡眠時間を削って勉強していると体調を崩しやすいので、睡眠不足にならないように十分注意しました。

また、子どもの受験を親が心配して、「もっと勉強して」「大丈夫なの？」などといってしまいがちですが、不安を誘うような言葉がけは絶対ＮＧです。

親が不安そうなことをいうと、子どもの不安をあおってしまいますし、そもそもいっても仕方ないことです。

受験生は不安やプレッシャーを抱えながら頑張っていますから、体の健康だけではなく、精神面の健康にも気を配ることが大切です。私は、いつもと変わらない平常心で余計なことはいわないようにして、ただ温かく見守っていました。

POINT

**受験前は午前中からパフォーマンスを発揮できる体調管理をしましょう**

# 54 子どもの入試につき添って徹底サポート

大学受験は、いわば〝子育て職人〟としての集大成。私は受験生の代わりにやれることはなんでもやり、受験勉強にだけ専念できるように努めました。大学受験の願書のとり寄せはもちろん、本人の自筆でなくてもいい願書の記入欄は、私がすべて記入しました。

大学によって願書のフォーマットがまったく違い、書き込むのがけっこう複雑で大変だからです。

そんなことに受験生の貴重な時間や手間を割かせる必要はありません。

**私は子ども4人全員の大学受験で、奈良の自宅から東大の入試会場までつき添いました。費用は余計にかかりますが、親である私自身が納得のいくように、最後の最後までサポートしたかったのです。**

そのために忘れてならないのが、入試前夜の宿泊先と交通チケットの予約です。

国公立大学の前期試験に合格したら、後期試験のために予約していたホテルはキャンセルすればいいので、後期試験前夜の宿泊先も早めに押さえておくことです。

早めにキャンセルすればキャンセル料はかかりませんから、志望校が定まらず、いくつかの大学で迷っている場合、受験する可能性のある大学の近くのホテルをすべて予約しておくといいです。志望校を絞った時点で、受験しない大学のためのホテル予約をキャンセルすればいいのです。

グズグズしていると、大学からかなり遠いホテルしか空いていないということになり、受験当日の朝、かなり早起きをしなければならないことになります。

受験という大切な日に、余計な手間や不安がかかることのないように、できるだけ早めに受験会場近くの宿泊先を予約しておかなければいけません。

**POINT**

**受験生が勉強だけに集中できるようにサポートしましょう**

# 55 子育ての集大成として入試会場の入り口で見送る

東大理三の受験を決めたのは、息子たち3人は高2、長女は中1のときでした。長女が中学生になった年、長男と次男が東大理三に進学、高2の三男も東大理三志望でした。そんな兄たちを見ていた長女は、中1の時点で自然と東大理三志望となったようです。

受験時の宿泊先となる東大近くのホテルは、1年前から予約しておきました。入試前夜は、そのホテルに親子で宿泊。過去問で間違えたところを重点的に見直し、息子たちのときは夜10時ごろにベッドで横になり、翌朝に備えました。

ところが長女は、入試前夜7時ごろ、夕飯を食べたあと早々に寝入ってしまったのです。「こんなに早く寝てしまったら、真夜中に目を覚ますかもしれない」と私は心配になり、息子たちにＬＩＮＥで娘の寝ている姿の写真を送って相談。すると、「そのまま寝かせてあげて」と息子たちがいうので、心配でしたが起こしませんでした。

結局、娘は翌朝6時に自分で起きるまで、一度も目を覚ますことなく11時間もぐっすりと寝ていたのです。

娘は「いままでの疲れが全部とれた！」といって上機嫌だったので、私もホッとしました。

**入試当日の朝は、昼ご飯を買ってくる、受験生を起こす、チェックアウトを済ませる、受験会場（大学）の入り口まで道案内するなど、受験生に入試以外の一切の負担をかけないことが親の役割です。**

「大学の入り口まで一緒に行って見送る」というと「え～、そこまでするの？」と呆れられることがあります。しかし、生まれ育った地元ならまだしも、慣れない土地で緊張感を抱えた高校生が、たった1人で受験会場まで行くこと自体、負担が大きいのです。

受験生が余計な不安を抱えないためにも、親が最後の最後までサポートしたほうがいい。そう思って、私はためらうことなく大学の入り口までついて行ったのです。

**入試の日、大学の門を入るのを見届けるまでが〝子育て職人〟の仕事だと思っていましたし、私自身が子育ての集大成としてその様子を見送りたかったのです。**

生まれてからずっと見守り続け、徹底的にサポートしてきたので、大学の門を入っていく子どもを見送るときには、なんともいえない気持ちになりました。
合格したら奈良の自宅を出て上京しますから、本当に感慨深かったのです。

POINT

**大学受験は子育ての集大成として最後まで面倒を見ましょう**

Column 6

## 曖昧な情報はもう必要ない

昔から、物知りで自分の知識を披露したがる「ウンチクおじさん」がいました。私の知人にも１人いますが、その人を交えた数人で20年ぶりに食事をしました。

フランス料理をいただいたのですが案の定、「これは、ブルボン朝で～」などとウンチクが始まりました。

20年前は、「この人は物知りだなぁ」と感心しながら話を聞いていました。当時はウンチクおじさんのいっていることが、本当に正しいかどうかすぐにはわかりませんでしたから、それでよかったのです。

しかし、あれから20年たったいま、同じようにウンチクを聞かされると、「そんなことはスマホで調べたら一発でわかるから、もっとお料理の味を楽しんだらいいのに」とイラついている自分に気づきました。なんでもスマホで簡単に調べられるいま、ウンチクの価値は下がったのです。

新聞の投書欄で、「上司の自分が何気なく話したことを、新入社員がすぐさまスマホで調べて間違いを指摘された。聞き流してくれればいいのに……」とグチっている文章を読みました。

昔なら部下は「なるほど、そうなんですか」と鵜呑みにして感心してくれましたから、上司の気持ちもわかります。でも、いまは曖昧な情報は鵜呑みにせず、自分ですぐにチェックできる時代ですから、部下のほうが正解だと思います。

氾濫する情報を自分できちんと精査して、インプットしないといけません。親の世代こそ、曖昧な情報には価値がないことを自覚する必要があるのです。

# 第7章

# お弁当も家庭料理も素材から手づくり

56

# 冷凍・レトルト・インスタントなしですべて素材から手づくり

私は子どもたちの健康を第一に考えて、冷凍食品、レトルト食品、インスタント食品などの加工食品は一切使わず、ほぼ100%、素材から手づくりしていました。

朝から唐揚げを食べたいとなればイチからつくり、外食はほとんどしませんでした。

そんな食事へのこだわりは、長男を妊娠中に読んだ本がきっかけでした。

書名は忘れてしまいましたが、その本には「農薬や食品添加物などを意識しないで食べていると、年間5kg以上（だったと思うのですが）化学物質を摂取することになる」と書いてありました。

体内を通過する化学物質の量の多さに、私は愕然としたのです。

食材への意識を高めないと、生まれてくる子の体に悪影響を与えてしまうと思ったので、「食の安全」にこだわることにしたのです。

早速、農薬の使用は必要最小限の米と野菜を宅配する「らでぃっしゅぼーや」の会員になり、以来30年近く、いまは肉や魚を含めて食材を宅配してもらっています。

いまとなっては笑い話になりますが、当時の「らでぃっしゅぼーや」は、事業開始から間もないこともあり、毎週届く野菜は旬のものに偏っていました。

ある週は白菜だけ6個、ある週はキャベツだけ5個、なんてこともあったのです。さすがにいまでは旬の野菜を含めて、さまざまな種類の野菜が届いています。

当時は、虫がついていることもありました。宅配で届いた箱を開けたとたん虫を見つけて、「キャー！」と大騒ぎしたこともありました。

もっとも、虫がいるのは安全な食材である証拠です。ただ、大きな白菜だけ6個というのはさすがに困り、大分の実家からわが家へ遊びにきていた私の母が、白菜の漬物をつくってくれたりして助けてくれました。

**POINT**

**学力を伸ばすためにも**
**食事には手を抜かないようにしましょう**

## 57 お米は毎日18合も炊いていた

以前にスーパーで食材を買っていたときは、その日につくる料理のメニューに合わせて食材を買うことが多かったです。らでぃっしゅぼーやの会員になってからは、届いた野菜や肉や魚に合わせてメニューを決めて調理するようになり、素材を生かした料理をつくれるようになりました。

いまもお米を届けてもらっていますが、その価格は5kg3000〜4000円くらい。スーパーで購入するより少々割高ですが、毎日食べて私たちの体をつくるものですから、お金を惜しまず、納得して買い続けています。

なにより届けてもらっている米はおいしいので、子どもたちはご飯が大好きでした。息子3人が灘に通っていたころは、朝と夕方にそれぞれ9合のご飯を炊いていました。1日に1升8合も炊いた大量のご飯を、お弁当や食事ですべて消費していたのです。

息子たちが大学に進学して上京してからも、ずっとお米を送り続けていました。現在東大へ通っている医学生の長女にも、お米を送っています。

調味料にもこだわりました。無農薬の大豆と麦麹をとり寄せて、味噌を手づくりしていた時期もあります。味噌づくりは、やってみると意外に簡単なのです。

「手前味噌」とはよくいったもので、自分でつくった味噌は感動もののおいしさですし、一度にたくさんつくれるのでお得でもあります。

大分県特産のカボスと香川県のかめびし醤油、みりんで手づくりした特製ポン酢は、鍋料理のときに大活躍しました。

**POINT**

**食の安全のため少々割高でも食費を惜しまないようにしましょう**

# 58 中高の6年間は毎日お弁当を手づくり

灘校には学食がありましたが、長男が灘中に通うようになってからは毎朝、学校に着いてから食べる朝食のおにぎり2個とお昼のお弁当をつくっていました。

学校がある日は、私は毎朝5時半起き。朝食とお弁当をつくり、5時50分になると長男を起こします。長男は6時15分には自宅を出るので、最寄り駅まで車で送りました。その後、小学生の子どもたちを起こし、朝食を食べさせてから、また車で小学校まで送ります。

長男が灘中に入学した翌年、年子の次男も灘中に通うようになってからは、私は朝5時起きとなり、主人のお弁当も一緒につくることにしました。

お弁当にも冷凍食品やできあいの惣菜を使ったことは一度もなく、子どもと主人の健康を第一に考えて、すべて手づくりしました。

息子3人が灘に通っていた3年間は、朝4時半起き。息子3人が学校に到着してから食べる朝食のおにぎりと、主人も含めた4人分のお昼のお弁当をつくっていました。

息子たちは肉好きなので、お弁当のおかずはハンバーグ、唐揚げ、餃子、フランクフルト、肉じゃがなどが多かったです。

揚げものは、前日に揚げたものはおいしくないので、朝から揚げていました。きょうだいによって食の好みも違いますから、それぞれ工夫していました。次男はマヨネーズ好きですが、三男はマヨネーズ嫌い。次男だけ、リクエストでポテトサラダを入れることもありました。


卵焼きはみんな好きでしたが、「野菜はいらない」といわれ、茶色系のお弁当が多かったです。〝子育て職人〟としては、見栄えのいいお弁当をこしらえたいので、ミニトマトやいちご、ぶどうを入れたこともありますが、「いらない」といわれました（苦笑）。

そのぶん、夕食のお鍋などでは、できるだけたくさんの野菜を食べさせるようにしていました。

長女が洛南中に入学すると、長男と次男は灘高を卒業して東大へ進学し、上京しました。それからは三男の朝食用おにぎりと、主人、三男、長女の昼食のお弁当をつくっていました。

長女が通った洛南中は灘よりも近かったため、娘の起床は6時半ごろ。朝食を自宅で食べてから、6時50分には自宅を出て、車で駅まで送りました。

野菜嫌いの息子たちとは正反対に、長女はご飯、肉、野菜の煮物などのお弁当とは別に、毎日必ず野菜サラダを入れた器を持参しました。

野菜の真ん中に長女が好きな半熟卵を入れ、お気に入りの「ピエトロ」の1食分ドレッシングを持たせていました。

**POINT**

**健康第一でお弁当も冷凍やレトルトは使わず手づくりしましょう**

# 59 午前2時に寝て朝4時半に起きていた

息子3人が灘に通っていたときは、朝、きょうだい4人と主人を見送ると、午前8時ごろからお昼ぐらいまでは掃除や洗濯、大量コピーで子どもたちのノートづくり。その後、午後1時ぐらいまでは昼食をとったり、新聞を読んだりして過ごし、午後1時すぎから午後3時ぐらいまでは家事の残りや子どもたちの勉強の準備をする毎日でした。

小学生の子どもの塾がある日には、塾で食べるお弁当もつくって、小学校まで車で迎えに行ってピックアップし、塾まで送りました。塾まで送ったころに、灘に通う息子から奈良駅に到着する時刻の連絡が入り、今度は車で駅へ向かいます。

自宅から灘までの通学は、片道2時間もかかります。重いリュックを背負って長時間通学するのは大変だといつも思っていたので、自宅と最寄り駅までは車で送り迎えしていたのです。

通学や勉強、部活動などで、疲れて帰ってくる子どもを待たせるのはかわいそうなので、いつも早めに駅へ向かっていました。そして早起きの疲れをとるため、車中で仮眠をとることが多かったです。

息子たち3人は、全員一緒に帰ってくるわけではありません。1人を駅から自宅まで車で送り届けたら、また連絡が入って駅に向かい、まるでシャトルバスのようにピストン輸送をくり返します。

そのピストン輸送の合間に夕食をつくりましたが、日によっては、全員が帰宅してから夕食をつくり始めることもありました。夕食後は後片づけをしたり、子どもたちが勉強しているリビングのこたつで勉強ノートをつくったりしました。

**3人の息子たちが灘に同時在籍していた3年間の私の日常は、子どもたちが夜0時までに寝た後で入浴し、3人分のお弁当の下ごしらえなどをしていましたから、寝るのは午前2時ぐらいでした。**

起きるのは4時半ですから、ふとんのなかで寝ていられるのは、2時間半ほど。私は「3時間睡眠で有名なナポレオンよりもすごいでしょ!」と自慢していました。

それだけに車中で駅に到着する息子を待っている間は仮眠、というか爆睡(笑)。到着した息子が車の窓をコンコンと叩く音で目覚めることがしょっちゅうでした。

学校の保護者会でお会いしたお母さんに、「佐藤さんの車を駅で見かけて声をかけようと思ったら、爆睡されていたので声をかけるのをやめました」といわれたことが何度かあります（笑）。

大変な毎日ではありましたが、灘は土日が休みで、中間・期末の定期テスト期間中はお弁当をつくる必要がなく、期末テストのあとはすぐに休みに入るので、ほかの学校よりはラクだったかもしれません。

次男が灘高を卒業して上京した後は、三男と長女、主人のお弁当だけになったので、急激に睡眠時間が増えたことを思い出します。

長男が灘中に入学し、長女が洛南高校を卒業するまでの13年間、お弁当をつくり続けましたが、〝子育て職人〟として、われながらよく頑張ったと思います。

**POINT**

**大学に入るまでは子どものために時間を使いましょう**

## 3兄弟が灘に通っていたときのある日のスケジュール

| | |
|---|---|
| 4:30 | 起床 |
| 4:30～5:50 | 3兄弟と夫のお弁当づくり |
| 5:50 | 3兄弟を起こす |
| 6:15 | 夫が3兄弟を近鉄奈良駅まで送る |
| 7:00 | 長女を起こす |
| 7:00～7:30 | 支度をした長女と夫と3人で朝食をとる |
| 7:30 | 夫と長女が家を出る(夫が車で小学校まで送る) |
| 8:00～12:00 | 家事、子どもたちのノートづくり |
| 12:00～13:00 | 昼食。新聞や本を読む。休息 |
| 13:00～15:00 | 家事、子どもたちのノートづくり<br>中学受験塾のお弁当づくり |
| 15:00～15:30 | 長女を小学校に迎えに行って塾に送る |
| 15:30～19:00 | 塾から近鉄奈良駅に向かい、駅前に停めた車で仮眠<br>息子を自宅に送ってから、また駅に戻って仮眠<br>3人目と一緒に帰宅 |
| 19:00～20:00 | 夕食をつくって食べさせる |
| 20:00～22:30 | 家事、ノートづくり |
| 22:30～0:00 | 帰宅した長女に夕食を食べさせる<br>子どもたちの勉強のサポート |
| 0:00～2:00 | 入浴、3兄弟のお弁当の下ごしらえ |
| 2:00 | 就寝 |

# 60 新聞を広げて子どもの前で毎日読む

紙の新聞の発行部数は減少傾向にありますが、1カ月3000〜4000円強の新聞代は「教育費」として購読したほうがいいと思います。親が新聞を読んでいる姿を幼いときから見せていると、子どもにとって「読む」という習慣が身近なものになります。もちろんスマホでも情報を得られますが、親がスマホを覗き込んでいる姿と新聞を広げて読んでいる姿とでは、子どもへの影響力は違います。

新聞を広げたときの紙面の面積とスマホ画面の面積の違いからくる視覚的効果は、かなり大きいです。本が1冊しかない家と100冊ある家の違いほど、子どもの読書習慣に与える影響が違うのではないかと私は思っています。

新聞の文字数は朝刊で20万字くらいといわれます。これは本2〜3冊分の文字数に匹敵します。毎日それだけの活字が詰まっているものを家の中で広げて読み、家族の話題に使うというのは、子どもの精神年齢をあげるためにもかなり有効です。

**わが家では、面白い記事や四字熟語などを見つけたときには、子どもたちに声をかけ、みんなで新聞を覗きこんで話し合っていました。**

大学入学共通テストで重視される「読解力」について心配されている親御さんは多いですが、子どものころからの新聞を読む習慣で、自然と身につけた読解力があれば十分対応できます。

私は子どものころから新聞を読んでいましたが、子育てをするようになってからは、とくに「投書欄」を興味深く読むようになりました。さまざまな世代の意見や考え方を知ることができ、一般家庭の目線で物事を考えることができるからです。

楽しい話もあれば悲しい話もあり、「ママがまた投書欄を読んで泣いている」と子どもたちに笑われたりしていました。その内容を涙ながらに子どもたちに説明して、私の意見を話したりしていたのです。

POINT

**小さなスマホより大きな紙の新聞の視覚的効果を活用しましょう**

# 61 子どもの洋服は祖母の手づくり

子どもたちが幼いときには、大分に住む私の両親が、子育てや家事を手伝いによくきてくれました。

子どもが小さくて、私がものすごく忙しくしていたときには、奈良で3週間、大分で2週間、また奈良で3週間、大分で2週間というサイクルだったこともありました。

私の家事の手伝いや孫たちの世話は大変だったと思いますが、喜んで手伝ってくれた両親には心から感謝しています。

私の母は本当に手先が器用で、子どもたちのコートやパジャマ、ズボンなどを手づくりしてくれました。母が手づくりするものはプロ並みの仕上がりで、余計な装飾もなく、子どもにとってすごく着やすかったです。

冬物のコートなどは、子ども用でもけっこう高価なので、母が手づくりしてくれて節約になり、とても助かりました。Tシャツなどは、安いときにまとめ買いしていました。

次男と三男の小学校には制服がありませんでしたが、長男と長女が通った小学校には、制服がありました。

学校の制服は、入学時にまとめてそろえなければならないので、親にとってはかなりの出費になります。

しかも、小学校6年間で背丈がかなり伸びますから、制服を何回か買い替えなければなりません。あの高価な制服への出費は、どうにかならないものでしょうか。

長男が卒業まで残り4日というとき、ズボンに穴を開けてしまったことがありました。穴の開いたズボンをはかせるわけにもいかず、かといって残り4日しかないので、新しいズボンを買うのはもったいない。

そんな話をしていたら、息子の友だちのお母さんが、「余分なズボンがあるから」と貸してくださり、本当に助かりました。

長女のときには、年上のお嬢さんがいる同じ小学校のお母さんが、制服を小6までの分までひと通り譲ってくれました。そのお母さんからは、かわいい私服もたくさんいただき、女の子が1人で上からのお下がりがないわが家では本当に助かりました。

私はそれをまたほかの子に譲って使ってもらいました。子どもの洋服は、大きくなったら着られなくなるものの、捨てるには新しすぎるので、譲り合ってまた着てもらうのは、お互いにありがたいことでした。

**POINT**

**子どもの洋服や制服はつくったり譲ったりしましょう**

母の手づくりだったり
お古をいただいたり…
わ〜い
たすかるわ〜

## 62 娘のシャンプー・リンスにはお金をかけた

子育て中は落ち着いて美容院に行く暇もなく、前髪が伸びてきたら自分で鏡を見ながら切っていました。忙しすぎて、とうとう1年くらい美容院に行けなかったときは、髪がかなり伸びました。そんな私の姿を見た幼稚園のお母さんに「そろそろ十二単を着られるね」なんていわれて、大笑いしたこともあります。

自分のヘアケアはほとんど気にかけませんでしたが、長女が中高生になったころ、女の子らしくヘアケアに時間も手間もお金もかけるようになりました。

小学生のころは、ごく一般的で安価なシャンプーとリンスを使っていましたが、年ごろになるとだんだん品質にもこだわるようになりました。シャンプーとリンスも高価なものになってきましたが、私も一緒に使ったので楽しかったです。

息子たちの入浴時間は短かったのですが、長女は入浴に40分、セミロングの髪をドライヤーで乾かすのに、同じく40分くらいかけていました。

髪を切ってショートにすれば、髪を洗う時間も乾かす時間も短縮できるのに、とは思いましたが、娘にいうことはありませんでした。女の子はどんなときでも美容にはこだわりますから、娘の気持ちを大切にしたいと思ったのです。

**長女が東大入試を控えた高3の10月ごろになると、大風量の業務用ドライヤーを購入して、私が娘の髪を乾かしてあげることにしました。その間、娘は英語や古文の単語を再確認していました。**

さらに高3の12月ごろからは、お風呂に一緒に入って、娘の髪や背中を洗ってあげました。受験勉強で疲れている時期だと、長い髪や体を洗うのさえ大変らしいのです。

娘は「ラク〜、気持ちいい」と喜んでいました。私自身も「もうすぐ最後の子がうちを出ていくんだな」という思いを心に浮かべながら、東大入試まで娘とのバスタイムを楽しんだのです。

POINT

**年ごろの女の子のオシャレに理解を示しつつサポートしましょう**

# 63 受験後の春休みは家族旅行

わが家では長男が小5になるまで、ほぼ毎年、春休みや夏休みに家族旅行をしていました。海外はグアム、韓国、国内は兵庫県の城崎温泉、和歌山県の白浜、三重県の伊勢志摩などに出かけました。

お金はかかりますが、大人になったら家族旅行をしたいと思っても、なかなかできません。家族旅行は、子どもたちが巣立つまでの「期間限定」の楽しい思い出づくりです。いまでも本当に楽しい思い出として、心にしっかりと刻まれています。

長男が小6になり中学受験を控えた夏休みには、家族旅行をしませんでした。

誰かが受験生となった年は、家族旅行を控えて、家族みんなで応援するようにしていたのです。子どもたちに前もって、「今年1年間は受験生中心の生活になるけれど協力してね。みんなも受験生になったら家族みんなで応援するから」と話していました。

受験を終えた春休みには、家族旅行をしていました。ところが、長女の大学受験が終わった春休みは、就職を控えた長男と次男に時間的余裕がなく、三男も大学のクラブ活動で忙しく、結局はどこにも行けませんでした。

その後、長女が東大に入学した年の8月、都内で研修医をしていた次男のところで、久々に家族6人が集まることになりました。

家族みんなでとても楽しみにして次男宅に集まったのですが、よりによって次男に急な当直の仕事が入ってしまい不在となりました。

仕方なしに次男抜きの家族5人で過ごし、翌朝9時、当直を終えた次男が帰宅して、ようやく久しぶりに家族全員が顔を合わせました。しかし、今度は三男に用事があって帰らなくてはならず、結局は10分ほどしか家族全員でいられませんでした。

子どもたちが大きくなると、家族全員の思い出をつくろうにも、それぞれの生活や仕事が優先となり、なかなか機会をつくれなくなります。親としては寂しいものですが、家族みんながそれぞれに忙しいことはいいことだと思うようにしています。

**わが子が巣立つまでの年月は限られています。家族の思い出をつくるためにも、親の**

ためのお金は控えても、わが子へのお金は惜しまず、〝子育て職人〟として全力でサポートしていただきたいと思います。

いまは私たち夫婦、長男、次男、三男、長女が5カ所に分かれて暮らしていますが、家族みんなが元気でいてくれたらいい。そう願う日々です。

**POINT**

**家族旅行は期間限定なので行けるときに楽しんでおきましょう**

Column 7

## 現役合格を目指して早め早めに勉強

勉強は計画を立てても、なかなか計画通りには進まないものです。そこで「時間が足りなかった」と、あとでいい訳しないようにするためには、早め早めに受験勉強にとり組むことが必須です。

志望校に現役合格するためには、仕上がりに時間のかかる英語に早めにとりかかり、高２の12月ぐらいまでには受験に通用するレベルまでに仕上げておきたいところです。

第一志望に不合格になったら、合格した第二志望や第三志望で妥協するか、浪人して第一志望に再チャレンジするか、親子でよく相談して決めてください。

というのも、「浪人したくない」という理由で第一志望ではない大学に進学したものの、諦めきれずに大学をやめて予備校通い。再度、第一志望の大学受験にチャレンジするというケースもあるからです。そうなると、やめた大学の入学金や授業料は返ってきません。

奨学金の利用も考えられますが、有利子を含む貸与型奨学金の返済が重荷になり、社会問題になっています。いろいろと事情があるにせよ、安易に奨学金に頼ることは危険です。子どもとはいえ18歳にもなれば大人の事情もよく理解できますから、経済的なことは腹蔵なく親子で話し合うべきです。

人生には無駄がつきものですが、この時期のお金と時間の無駄については金額も大きいです。親子でよく話し合って、いったん決めたら親子ともども結果が出るまで必死に走り抜きましょう。

# 終章

# 教えて佐藤ママ！
# お金と時間のQ&A

**Q**

**幼稚園児を公文式に通わせたいと思っています。国語・算数をさせるか、英語・算数をさせるか、それとも国語・算数・英語をさせるかで迷っています。**

**A**

周りのお子さんがやっていると聞くと、「うちもやらせよう」と思うかもしれませんが、ほかのご家庭と同じようにやる必要はありません。

幼稚園児が国語、算数、英語の3科目をやると、体力的に負担になりますから、国語と算数の2科目をさせるといいと思います。

余裕があれば、英語を習ってもいいとは思いますが、幼児期にはまず「ひらがな」の読み書きができるようにすることのほうが大切です。

幼児期に学ぶ英語は、受験にはあまり役立たないということは頭の隅に置いておくことです。

英語は、日本語の基礎ができてから習うほうがいいと思います。

とはいえ、中学受験をしないのならば、小学生のときから英語の勉強をすると後あとラクです。その点、公文式の英語の教材は使いやすいと思います。

わが家の子どもたちは、中学受験塾に通うときに公文式をやめましたが、中学受験をしなければ、小学生から公文式の英語をやらせていたと思います。

わが家の子どもたちが公文式に通っていたころは、月謝が1教科5000円でしたが、現在は2教科で1万5000円ぐらいになっています。

**国語と算数のどちらか1教科にしたいなら、算数がおすすめです。**

算数は学力を積み上げていかなければ、どうしようもなくなるからです。その基礎はなんといっても「計算力」です。計算が早く正確にできるようにしておくべきです。

わが家のきょうだい4人が、中学受験や大学受験に必要な算数や数学の実力が身についたのも、公文式の算数を受講して計算力を培ったおかげだと思っています。

## Q お小遣いはどのように与えていましたか？

A

わが家では、定額でお小遣いを与えませんでした。年が違う子どもたちに、それぞれいくらずつ渡せばいいか、よくわからなかったからです。

## 月額制にせず、必要なときにその都度、お金を渡していました。

お小遣いのなかから文房具を買わせるご家庭もありますが、わが家では私が鉛筆やノートなどの文房具を買いそろえていました。「文房具を買いたい」という子どもには、そのためのお金を渡すこともありました。中学受験塾・浜学園に通うようになってからは、携帯の充電が切れたときの電話代などのために、600円ほど持たせていました。

次男、三男、長女は塾まで送り迎えしていましたが、長男は塾まで送り、帰りは最寄り駅まで友だちと一緒に帰ってきました。最寄り駅の近くにある文房具店で、流行りのシャープペンシルなどを、持たせたお金で買うこともありました。友だちと一緒に文房具を買うことが、受験生にとっては癒やしになることもあるのです。

中学生になると、3人とも電車通学になりました。定期券を6カ月分まとめて買うと割安で、継続購入の手間も省けますが、中学生のことですから紛失してしまうことも考えられます。そうなると損害額が大きいので、定期は毎月購入していました。

自宅のある奈良から神戸の灘校まで、息子たちには毎月1万2000円の定期を購入。定期の期限切れに備えて現金を3000円ほど持たせていました。

実際、何度か定期が切れているのに気づかず、朝、駅に行って仕方なく灘校まで片道

1400円ほどを現金払い。ほかにも帰宅するまでなにか買ったらしく、帰りの電車代が足りなくなり、先生から現金をお借りするというハプニングもありました。

友だちとファストフード店で食べるときなどには持たせたお金を使い、使った分だけ補充して、常に3000円は持たせておくことにしました。

なぜ3000円かというと、奈良〜神戸の交通費になりつつも、中学生に5000円は大金かと思って3000円にしていました。

灘校の「技術」の授業で使うノコギリやカンナなどのセットを3万5000円で購入することになり、その販売日が一日だけだったのですが、息子が代金を忘れたことがありました。

そこで、仲のいい友だちから借りたらしいのですが、私はそのような大金を人に貸せるほど持っている同級生がいることに驚きました。聞いてみると、ご両親が共働きなので、なにかあったときのために、余分にお金を持たせているとのことでした。

その友だちは、お金を財布ではなく靴の中敷の下に入れているとのこと。息子が「貸して」と言うと「いいよ」と言いながら靴を脱いで、中からお金を出して貸してくれたらしいです。

お小遣いを月額制にするか、その都度渡すか、金額をいくらにするかなどは、正解はないと思います。それぞれの家庭事情次第ですから、家族で話し合って親子で納得する方法と金額を決めるとよいと思います。

## Q スマホはいつから持たせたらいいですか？

**A** 中学生になるまでは、スマホを与えないほうがいいです。

わが家では、小学生のとき、中学受験塾に通う日だけ携帯電話を持たせました。灘中に通うようになってからは遠方へ電車通学することもあり、当時はガラケーでしたが携帯を持たせました。

スマホに変わったのは、長男と次男は大学1年から、三男は高校1年、長女は中学1年からでした。

乳幼児のころからスマホやタブレット端末を持たせ、知育アプリや動画などで遊ばせたりする「スマホ育児」をする親御さんもいるようですが、私はよくないと思います。

52ページで紹介しましたが、乳幼児には絵本を読み聞かせてあげましょう。幼いときにスマホの動画やゲームの面白さを味わってしまったら、スマホを手放すのは難しくなります。

内閣府の調査によると、小学生から高校生のスマホの利用は増加傾向にあります。アプリを使った勉強や検索に使うのはいいのですが、一方でスマホゲームにはまってしまった「ゲーム依存症」の子どもが社会問題になっています。スマホゲームにはまってしまったら、勉強どころではありません。

ゲームの時間を決めているご家庭もあるかもしれませんが、「宿題が終わったらゲーム1時間」などというルールは、まず守られません。いったんゲームを始めたら、そこでやめるのは無理だからです。なんといっても、ゲームは勉強より楽しいのですから。

どうしてもゲームをしたいというのなら、「日曜だけ夕方5時までOK」というルールにしてはいかがでしょうか？ 月曜から土曜まではしっかりと勉強に集中し、週1回だけ思う存分ゲームをしたほうがメリハリをつけやすいと思います。

中学生になってスマホを与えた後は、使用状況を必ずチェックしてください。子どもにスマホを購入し、使用料を払っているのは親ですから、与えっぱなしは無責任です。

定額サービスを利用していると毎月支払うお金がほとんど変わりませんから、チェックを怠りがちです。明細書は必ず確認しましょう。

私はきょうだい4人の使用状況を必ずチェックして、使用量が増えている子どもにはそのことを伝えました。

また、スマホゲームの課金は、お金の無駄遣いということを子どもに話し、させないようにしないときりがありません。大金が絡んでくることも想定されますから危険ともいえます。

**Q**

**シングルマザーなので、子どもにあまり教育費をかけてあげられないことを申し訳なく思っています……**

**A**

申し訳なく思う必要はまったくありません。お母さんが頑張って稼いだお金で生活しているのだから、堂々とお子さんにそのことをお話ししてください。

「うちはうち、よそはよそ」と割り切りましょう。収入内でやっていけばいいのですから、他人と比べても仕方ありません。

幼児期なら、やはり絵本を読み聞かせ、童謡を歌ってあげて欲しいです。絵本は図書館で借りるか、アマゾンやブックオフなどで古本を購入するという手もあります。子どもも服もメルカリや古着屋さんなどを利用すれば、かなり安く購入できます。

できれば公文式の算数だけはやらせてあげるといいのですが、その費用が大変だという場合には、市販のワークブックでもいいと思います。

仕事で疲れているかもしれませんが、お子さんのことを大切に思っている気持ちはきちんと伝えてください。たとえば、冷蔵庫にお子さんが大好きなスイーツをときどき入れておくだけでも、冷蔵庫を開けたときに、お子さんは笑顔になるでしょう。

また帰宅後、毎日30分間くらいは、勉強するお子さんの横にいてあげてください。くつろぎたい気持ちを我慢して、30分でいいから時間をつくって欲しいです。

子どもはお母さんがそばにいてくれるだけで安心します。「お母さんと一緒に30分勉強する」ことが習慣になれば、帰りが遅くなった日も、お子さんはいつもの時間に１人で勉強できるようになります。

どうしても、お子さんの勉強を横で見る時間がない場合には、鉛筆を削ってあげる、お子さんのノートなどにメッセージを書いたメモをはさんでおく、といったサポートをしてあげましょう。

お子さんが眠ったあとにノートを見るなどして、いまはなにを勉強しているかを把握しておくことも大事です。

**Q**

**上の子はあまり深く考えず、自宅近くの公立中に通わせましたが、2番目の子はいろいろと情報収集して私立の中高一貫校に入れました。3番目の子もいるのですが、進学先についてどのように考えればいいか迷っています。**

公立中学と私立の中高一貫校の両方を経験されたのですから、どちらが3番目のお子さんに合うのか、おわかりになるのではないですか？

公立と私立は、入学金や授業料などかかるお金が違いますから、現状で3番目のお子さんにどれくらいのお金が使えるのかをよく考えることですね。

私立の中高一貫校を受験するためには塾通いしなければなりませんが、３番目のお子さんは中学受験に合うのか？　もしくは公立中に進んでから高校受験をするほうが合うのか？　そのことを親であるあなたがよく考えてみることです。

子どもの意向も聞いて、追い詰めないような方向で進むのがいいと思います。そして、いずれにしても、決めるのは早いほうがいいです。

私立の中高一貫校の受験塾へ通うのが遅くなると、時すでに遅しになりかねません。

## Q 双子で能力が違う場合にはどうしたらいいでしょうか？

**A**

双子の場合、なんでも同時にさせることが多いので、つい比較しがちです。能力が違うとのことですが、どのようなことがどのように違うのでしょうか？

いずれにしても、12歳までは違いを気にしないほうがいいと思います。のちにどのように変化していくかわかりませんから、意識しすぎるのはよくありません。

すぐ勉強を覚える子はそのままで、なかなか覚えない子は叱ったりなどせずに何回も教えたらいいのです。

大きくなったら逆になることもあったり、あの違いはなんだったんだ、というようなことも多いです。だから、絶対に双子を比較して、片方の子をおとしめるようなことは口にしないことです。

どちらも必ず伸びると信じて育てることが大事です。目の前の状態だけにとらわれないようにしなければなりません。

仮にお受験するにしても、幼稚園と小学校は同じところに入れたほうが、子どものためになります。

将来的に中学と高校の進学先は違ったとしても、それは本人たちの年齢で自ら理解できますから多少は納得できます。でも幼稚園と小学校の段階では、なんといっても子どもがまだ小さいので、抽選で片方だけ合格したからといって1人だけ国立に入れたりすると、抽選で不合格になっただけなのに、入れなかった子が傷ついたりするのです。

そんなときは国立はやめて、両方同じところへいかせるというような配慮が必要です。

# おわりに

この本は、「お金と教育」をテーマにしました。

教育となると、子どもが生まれてから高校卒業（大学入学）までの18年間で、「どこで」「どのように」「どのくらい」の金額を使うのかを具体的に考えることになります。でも、それは実に難しいことですよね。

18年間といえば、世の中も変わりますし、親の仕事がずっと順調とも限りません。家族が病気にかかるかもしれないし、祖父母の介護問題が発生するかもしれない。

しかも、子ども1人につき18年間なので、子どもの人数が増えれば年数は長くなります。その後も大学でお金がかかりますし、その先には自分自身の老後問題が待ち受けています。いろいろ考えると、人生は一筋縄ではいきません。

私も長男が生まれたときには、いろいろなケースを考えてみました。しかし、結局のところ、先がまったく見えないので結論なんて出ませんでした。

それでも、「子育ての目標」ははっきりと決めていました。それは「自活できる子どもを育てる」ということです。「子どもが自分の力で稼いで食べていけること」を子育ての着地点にしようと思ったのです。

いまは人生１００年時代といわれ、少子高齢化もあいまって、年金支給開始年齢は60歳から65歳へと段階的に引き上げられ、いずれ70歳になることも想定されます。となると、いまの平均寿命で考えれば、ほぼ生涯現役で働く近未来がやってくるといっても過言ではありません。

どうせ長く働くのなら、子ども本人の好きな仕事を続けていくべき。そのためには、仕事を選択する時点で、より多くの選択肢を持てるような学力、そして実力をつけさせることが親の役目です。

では、そのためにどうするか？

**「豊かな教育を与える」ということが大切になってきます。そのための親の努力は惜しまない。ただし、それにはお金の問題が必ずついてくるのです。**

自由になるお金がふんだんにある大富豪ならいいのですが、そうではないわが家ではどうするか？　使えるお金の絶対量が決まっているのだから、教育にできるだけ大きく配分するという結論に至ったのです。

子育ての最中、かなりの金額が右から左へと、音を立てて飛んでいく感覚はしょっちゅう経験しました。

でも、目の前のわが子の教育にお金を使わずとっておいて、いずれ使おうとしても、そのときには効果が半減することも理解しました。できるだけ幼いうちから教育にお金を惜しまないほうが、効果は大きいのです。

「私はお金をかけすぎていないだろうか？」と思い、立ち止まろうとしたこともありましたが、「いやいや、子育ては文化をつくるようなもの。優れた文化にはお金が必要なんだ」と、地元・奈良の東大寺や法隆寺など、文化財を思い浮かべながら、それまでの子育てを続行しようと思い直したのも、一度や二度ではありません。

「東大寺や法隆寺など優れた文化財は、細部まで手を抜くことなくつくったからこそ現代に残っているのだ。子育てもそうありたい」などと思ったものです。

当時の民衆の犠牲のうえに成り立っていることもありますが、私も子育ての犠牲とはいいませんが、基盤になろうと思ったのです。

手探りでそのときそのときに一生懸命だったという記憶しか私にはありません。子育てても、それにまつわる「お金と教育」にも、唯一絶対の正解はありません。

お金のことをどのように考えるかは、「人そのもの」を表します。その考えは、生きていくうちに変わることもあります。そこがまた面白いところでもあります。

私は貴金属やブランド品などには、まったく興味がありませんでした。書籍代は常識の範囲であまり気にせずに購入していましたが、衣食住にかかる費用を除けば、子どもの教育費と子どもが笑顔になるためにお金を使っていました。

昔から「暇があるときには金はなし、金があるときには暇はなし」といわれます。「稼ぐに追いつく貧乏なし（一生懸命に働けば、貧乏で困るようなことはない）」ともいわれますが、両方とも「一生懸命に働きなさい。それで得たお金の範囲で生きていきなさい」ということです。

この本を読んでくださった方々に、「お金と教育」についてもう一度、別の面から考える一助になったら幸いです。

私が4人の子育てを無事に終えることができたのは、教育費にはなんの文句も言わず、元気で仕事をしてくれた主人の存在があってのことです。本当に感謝しています。

お金の問題は、なかなか難しいので書き進むのが遅くなったのに、気持ちよく待ってくださったダイヤモンド社の斎藤順さん、いつも私のことを理解してくださって応援してくださるライターの庄村敦子さんには、この場をお借りして心より感謝いたします。

2020年9月

佐藤亮子

## 小学校の教科書を買って読んでみよう！

| | 教科 | 書名 | 出版社 | 定価 |
|---|---|---|---|---|
| 1 | 国語 | あたらしい　こくご　一上 | 東京書籍 | 339円 |
| 2 | | あたらしい　こくご　一下 | | 404円 |
| 3 | | 新しい国語　二上 | | 418円 |
| 4 | | 新しい国語　二下 | | 438円 |
| 5 | | 新しい国語　三上 | | 429円 |
| 6 | | 新しい国語　三下 | | 427円 |
| 7 | | 新しい国語　四上 | | 343円 |
| 8 | | 新しい国語　四下 | | 341円 |
| 9 | | 新しい国語　五 | | 684円 |
| 10 | | 新しい国語　六 | | 684円 |
| 11 | | みんなとまなぶ　しょうがっこう　こくご一ねん　上 | 学校図書 | 350円 |
| 12 | | みんなとまなぶ　しょうがっこう　こくご一ねん　下 | | 393円 |
| 13 | | みんなと学ぶ　小学校　こくご　二年　上 | | 445円 |
| 14 | | みんなと学ぶ　小学校　こくご　二年　下 | | 411円 |
| 15 | | みんなと学ぶ　小学校　国語　三年　上 | | 437円 |
| 16 | | みんなと学ぶ　小学校　国語　三年　下 | | 419円 |
| 17 | | みんなと学ぶ　小学校　国語　四年　上 | | 356円 |
| 18 | | みんなと学ぶ　小学校　国語　四年　下 | | 328円 |
| 19 | | みんなと学ぶ　小学校　国語　五年　上 | | 344円 |
| 20 | | みんなと学ぶ　小学校　国語　五年　下 | | 340円 |
| 21 | | みんなと学ぶ　小学校　国語　六年　上 | | 338円 |
| 22 | | みんなと学ぶ　小学校　国語　六年　下 | | 346円 |
| 23 | | ひろがることば　しょうがくこくご　一上 | 教育出版 | 327円 |
| 24 | | ひろがることば　しょうがくこくご　一下 | | 416円 |
| 25 | | ひろがることば　小学国語　二上 | | 419円 |
| 26 | | ひろがることば　小学国語　二下 | | 437円 |
| 27 | | ひろがる言葉　小学国語　三上 | | 429円 |
| 28 | | ひろがる言葉　小学国語　三下 | | 427円 |
| 29 | | ひろがる言葉　小学国語　四上 | | 322円 |
| 30 | | ひろがる言葉　小学国語　四下 | | 362円 |
| 31 | | ひろがる言葉　小学国語　五上 | | 314円 |
| 32 | | ひろがる言葉　小学国語　五下 | | 370円 |
| 33 | | ひろがる言葉　小学国語　六上 | | 343円 |
| 34 | | ひろがる言葉　小学国語　六下 | | 341円 |
| 35 | | こくご　一上　かざぐるま | 光村図書 | 363円 |

## 教科書定価表

| | 教科 | 書名 | 出版社 | 定価 |
|---|---|---|---|---|
| 36 | 国語 | こくご 一下 ともだち | 光村図書 | 380円 |
| 37 | | こくご 二上 たんぽぽ | | 421円 |
| 38 | | こくご 二下 赤とんぼ | | 435円 |
| 39 | | 国語 三上 わかば | | 426円 |
| 40 | | 国語 三下 あおぞら | | 430円 |
| 41 | | 国語 四上 かがやき | | 349円 |
| 42 | | 国語 四下 はばたき | | 335円 |
| 43 | | 国語 五 銀河 | | 684円 |
| 44 | | 国語 六 創造 | | 684円 |
| 45 | 書写 | あたらしい しょしゃ 一 | 東京書籍 | 165円 |
| 46 | | 新しい しょしゃ 二 | | 165円 |
| 47 | | 新しい書写 三 | | 165円 |
| 48 | | 新しい書写 四 | | 165円 |
| 49 | | 新しい書写 五 | | 165円 |
| 50 | | 新しい書写 六 | | 165円 |
| 51 | | みんなとまなぶ しょうがっこうしょしゃ 一ねん | 学校図書 | 165円 |
| 52 | | みんなと学ぶ 小学校しょしゃ 二年 | | 165円 |
| 53 | | みんなと学ぶ 小学校書写 三年 | | 165円 |
| 54 | | みんなと学ぶ 小学校書写 四年 | | 165円 |
| 55 | | みんなと学ぶ 小学校書写 五年 | | 165円 |
| 56 | | みんなと学ぶ 小学校書写 六年 | | 165円 |
| 57 | | しょうがく しょしゃ 一ねん | 教育出版 | 165円 |
| 58 | | 小学 しょしゃ 二年 | | 165円 |
| 59 | | 小学 書写 三年 | | 165円 |
| 60 | | 小学 書写 四年 | | 165円 |
| 61 | | 小学 書写 五年 | | 165円 |
| 62 | | 小学 書写 六年 | | 165円 |
| 63 | | しょしゃ一ねん | 光村図書 | 165円 |
| 64 | | しょしゃ二年 | | 165円 |
| 65 | | 書写三年 | | 165円 |
| 66 | | 書写四年 | | 165円 |
| 67 | | 書写五年 | | 165円 |
| 68 | | 書写六年 | | 165円 |
| 69 | | しょうがくしょしゃ 一ねん | 日本文教出版 | 165円 |
| 70 | | 小学しょしゃ 二年 | | 165円 |

| | 教科 | 書名 | 出版社 | 定価 |
|---|---|---|---|---|
| 71 | 書写 | 小学書写　三年 | 日本文教出版 | 165円 |
| 72 | | 小学書写　四年 | | 165円 |
| 73 | | 小学書写　五年 | | 165円 |
| 74 | | 小学書写　六年 | | 165円 |
| 75 | 社会 | 新しい社会３ | 東京書籍 | 715円 |
| 76 | | 新しい社会５　上 | | 323円 |
| 77 | | 新しい社会５　下 | | 361円 |
| 78 | | 新しい社会６　政治・国際編 | | 315円 |
| 79 | | 新しい社会６　歴史編 | | 428円 |
| 80 | | 小学社会　３ | 教育出版 | 715円 |
| 81 | | 小学社会　５ | | 684円 |
| 82 | | 小学社会　６ | | 743円 |
| 83 | | 小学社会　３年 | 日本文教出版 | 715円 |
| 84 | | 小学社会　５年 | | 684円 |
| 85 | | 小学社会　６年 | | 743円 |
| 86 | 社会　地図 | 新しい地図帳 | 東京書籍 | 485円 |
| 87 | | 楽しく学ぶ　小学生の地図帳　３・４・５・６年 | 帝国書院 | 485円 |
| 88 | 算数 | あたらしい　さんすう　１①　さんすうの　とびら | 東京書籍 | 87円 |
| 89 | | あたらしい　さんすう　１②　さんすう　だいすき！ | | 250円 |
| 90 | | 新しい算数　２上　考えるって　おもしろい！ | | 364円 |
| 91 | | 新しい算数　２下　考えるって　おもしろい！ | | 320円 |
| 92 | | 新しい算数　３上　考えるっておもしろい！ | | 426円 |
| 93 | | 新しい算数　３下　考えるっておもしろい！ | | 373円 |
| 94 | | 新しい算数　４上　考えると見方が広がる！ | | 313円 |
| 95 | | 新しい算数　４下　考えると見方が広がる！ | | 320円 |
| 96 | | 新しい算数　５上　考えると見方が広がる！ | | 347円 |
| 97 | | 新しい算数　５下　考えると見方が広がる！ | | 337円 |
| 98 | | 新しい算数　６　数学へジャンプ！ | | 684円 |
| 99 | | たのしいさんすう１ねん | 大日本図書 | 337円 |
| 100 | | たのしい算数２年 | | 684円 |
| 101 | | たのしい算数３年 | | 799円 |
| 102 | | たのしい算数４年 | | 633円 |
| 103 | | たのしい算数５年 | | 684円 |
| 104 | | たのしい算数６年 | | 684円 |
| 105 | | みんなとまなぶ　しょうがっこう　さんすう　１ねん上 | 学校図書 | 182円 |

| | 教科 | 書名 | 出版社 | 定価 |
|---|---|---|---|---|
| 106 | 算数 | みんなとまなぶ　しょうがっこう　さんすう　1ねん下 | 学校図書 | 155円 |
| 107 | | みんなと学ぶ　小学校　算数　2年上 | | 356円 |
| 108 | | みんなと学ぶ　小学校　算数　2年下 | | 328円 |
| 109 | | みんなと学ぶ　小学校　算数　3年上 | | 400円 |
| 110 | | みんなと学ぶ　小学校　算数　3年下 | | 399円 |
| 111 | | みんなと学ぶ　小学校　算数　4年上 | | 330円 |
| 112 | | みんなと学ぶ　小学校　算数　4年下 | | 303円 |
| 113 | | みんなと学ぶ　小学校　算数　5年上 | | 335円 |
| 114 | | みんなと学ぶ　小学校　算数　5年下 | | 349円 |
| 115 | | みんなと学ぶ　小学校　算数　6年 | | 574円 |
| 116 | | みんなと学ぶ　小学校　算数　6年　中学校へのかけ橋 | | 110円 |
| 117 | | しょうがくさんすう　1 | 教育出版 | 337円 |
| 118 | | 小学算数　2上 | | 370円 |
| 119 | | 小学算数　2下 | | 314円 |
| 120 | | 小学算数　3上 | | 416円 |
| 121 | | 小学算数　3下 | | 383円 |
| 122 | | 小学算数　4上 | | 323円 |
| 123 | | 小学算数　4下 | | 310円 |
| 124 | | 小学算数　5 | | 684円 |
| 125 | | 小学算数　6 | | 684円 |
| 126 | | わくわく　さんすう1 | 啓林館 | 337円 |
| 127 | | わくわく　算数2上 | | 347円 |
| 128 | | わくわく　算数2下 | | 337円 |
| 129 | | わくわく　算数3上 | | 423円 |
| 130 | | わくわく　算数3下 | | 376円 |
| 131 | | わくわく　算数4上 | | 348円 |
| 132 | | わくわく　算数4下 | | 285円 |
| 133 | | わくわく　算数5 | | 684円 |
| 134 | | わくわく　算数6 | | 684円 |
| 135 | | しょうがく　さんすう　1ねん上 | 日本文教出版 | 175円 |
| 136 | | しょうがく　さんすう　1ねん下 | | 162円 |
| 137 | | 小学算数　2年上 | | 383円 |
| 138 | | 小学算数　2年下 | | 301円 |
| 139 | | 小学算数　3年上 | | 400円 |
| 140 | | 小学算数　3年下 | | 399円 |

| | 教科 | 書名 | 出版社 | 定価 |
|---|---|---|---|---|
| 141 | 算数 | 小学算数　４年上 | 日本文教出版 | 317円 |
| 142 | | 小学算数　４年下 | | 316円 |
| 143 | | 小学算数　５年上 | | 342円 |
| 144 | | 小学算数　５年下 | | 342円 |
| 145 | | 小学算数　６年 | | 684円 |
| 146 | 理科 | 新しい理科　3 | 東京書籍 | 657円 |
| 147 | | 新しい理科　4 | | 907円 |
| 148 | | 新しい理科　5 | | 1004円 |
| 149 | | 新しい理科　6 | | 1004円 |
| 150 | | たのしい理科３年 | 大日本図書 | 657円 |
| 151 | | たのしい理科４年 | | 907円 |
| 152 | | たのしい理科５年 | | 1004円 |
| 153 | | たのしい理科６年 | | 1004円 |
| 154 | | みんなと学ぶ　小学校　理科　３年 | 学校図書 | 657円 |
| 155 | | みんなと学ぶ　小学校　理科　４年 | | 907円 |
| 156 | | みんなと学ぶ　小学校　理科　５年 | | 1004円 |
| 157 | | みんなと学ぶ　小学校　理科　６年 | | 1004円 |
| 158 | | みらいをひらく　小学理科　3 | 教育出版 | 657円 |
| 159 | | 未来をひらく　小学理科　4 | | 907円 |
| 160 | | 未来をひらく　小学理科　5 | | 1004円 |
| 161 | | 未来をひらく　小学理科　6 | | 1004円 |
| 162 | | 楽しい理科　３年 | 信州教育出版社 | 657円 |
| 163 | | 楽しい理科　４年 | | 907円 |
| 164 | | 楽しい理科　５年 | | 1004円 |
| 165 | | 楽しい理科　６年 | | 1004円 |
| 166 | | わくわく理科　3 | 啓林館 | 657円 |
| 167 | | わくわく理科　4 | | 907円 |
| 168 | | わくわく理科　5 | | 1004円 |
| 169 | | わくわく理科　6 | | 1004円 |
| 170 | 生活 | どきどき　わくわく　あたらしい　せいかつ　上 | 東京書籍 | 922円 |
| 171 | | あしたへ　ジャンプ　新しい　生活　下 | | 907円 |
| 172 | | たのしいせいかつ　上　なかよし | 大日本図書 | 914円 |
| 173 | | たのしいせいかつ　下　はっけん | | 915円 |
| 174 | | みんなとまなぶ　しょうがっこう　せいかつ　上 | 学校図書 | 916円 |
| 175 | | みんなとまなぶ　しょうがっこう　せいかつ　下 | | 913円 |

| | 教科 | 書名 | 出版社 | 定価 |
|---|---|---|---|---|
| 176 | 生活 | せいかつ上 みんな なかよし | 教育出版 | 915円 |
| 177 | | せいかつ下 なかよし ひろがれ | | 914円 |
| 178 | | せいかつ 上 あおぞら | 信州教育出版社 | 916円 |
| 179 | | せいかつ 下 そよかぜ | | 913円 |
| 180 | | せいかつ 上 まいにち あたらしい | 光村図書 | 916円 |
| 181 | | せいかつ 下 だいすき みつけた | | 913円 |
| 182 | | わくわく せいかつ上 | 啓林館 | 964円 |
| 183 | | いきいき せいかつ下 | | 865円 |
| 184 | | わたしとせいかつ上 みんな なかよし | 日本文教出版 | 916円 |
| 185 | | わたしとせいかつ下 ふれあい だいすき | | 913円 |
| 186 | 音楽 | 小学音楽 おんがくのおくりもの 1 | 教育出版 | 226円 |
| 187 | | 小学音楽 音楽のおくりもの 2 | | 226円 |
| 188 | | 小学音楽 音楽のおくりもの 3 | | 226円 |
| 189 | | 小学音楽 音楽のおくりもの 4 | | 226円 |
| 190 | | 小学音楽 音楽のおくりもの 5 | | 226円 |
| 191 | | 小学音楽 音楽のおくりもの 6 | | 226円 |
| 192 | | 小学生のおんがく 1 | 教育芸術社 | 226円 |
| 193 | | 小学生の音楽 2 | | 226円 |
| 194 | | 小学生の音楽 3 | | 226円 |
| 195 | | 小学生の音楽 4 | | 226円 |
| 196 | | 小学生の音楽 5 | | 226円 |
| 197 | | 小学生の音楽 6 | | 226円 |
| 198 | 図画工作 | ずがこうさく 1・2上 わくわくするね | 開隆堂 | 225円 |
| 199 | | ずがこうさく 1・2下 みつけたよ | | 224円 |
| 200 | | 図画工作 3・4上 できたらいいな | | 225円 |
| 201 | | 図画工作 3・4下 力を合わせて | | 224円 |
| 202 | | 図画工作 5・6上 心をひらいて | | 225円 |
| 203 | | 図画工作 5・6下 つながる思い | | 224円 |
| 204 | | ずがこうさく1・2上 たのしいな おもしろいな | 日本文教出版 | 225円 |
| 205 | | ずがこうさく1・2下 たのしいな おもしろいな | | 224円 |
| 206 | | 図画工作3・4上 ためしたよ 見つけたよ | | 225円 |
| 207 | | 図画工作3・4下 ためしたよ 見つけたよ | | 224円 |
| 208 | | 図画工作5・6上 見つめて 広げて | | 225円 |
| 209 | | 図画工作5・6下 見つめて 広げて | | 224円 |
| 210 | 家庭 | 新しい家庭 5・6 | 東京書籍 | 288円 |

| | 教科 | 書名 | 出版社 | 定価 |
|---|---|---|---|---|
| 211 | 家庭 | わたしたちの家庭科　5・6 | 開隆堂 | 288円 |
| 212 | 体育 保健 | 新しいほけん　3・4 | 東京書籍 | 219円 |
| 213 | | 新しい保健　5・6 | | 219円 |
| 214 | | たのしいほけん3・4年 | 大日本図書 | 219円 |
| 215 | | たのしい保健5・6年 | | 219円 |
| 216 | | わたしたちのほけん　3・4年 | 文教社 | 219円 |
| 217 | | わたしたちの保健　5・6年 | | 219円 |
| 218 | | 小学ほけん　3・4年 | 光文書院 | 219円 |
| 219 | | 小学保健　5・6年 | | 219円 |
| 220 | | みんなのほけん　3・4年 | 学研 | 219円 |
| 221 | | みんなの保健　5・6年 | | 219円 |
| 222 | 外国語 英語 | NEW HORIZON Elementary English Course 5 | 東京書籍 | 273円 |
| 223 | | NEW HORIZON Elementary English Course Picture Dictionary | | 76円 |
| 224 | | NEW HORIZON Elementary English Course 6 | | 273円 |
| 225 | | Junior Sunshine 5 | 開隆堂 | 349円 |
| 226 | | Junior Sunshine 6 | | 349円 |
| 227 | | JUNIOR TOTAL ENGLISH 1 | 学校図書 | 349円 |
| 228 | | JUNIOR TOTAL ENGLISH 2 | | 349円 |
| 229 | | CROWN Jr. 5 | 三省堂 | 349円 |
| 230 | | CROWN Jr. 6 | | 349円 |
| 231 | | ONE WORLD Smiles 5 | 教育出版 | 349円 |
| 232 | | ONE WORLD Smiles 6 | | 349円 |
| 233 | | Here We Go! 5 | 光村図書 | 349円 |
| 234 | | Here We Go! 6 | | 349円 |
| 235 | | Blue Sky elementary 5 | 啓林館 | 349円 |
| 236 | | Blue Sky elementary 6 | | 349円 |
| 237 | 道徳 | 新訂　あたらしいどうとく　1 | 東京書籍 | 319円 |
| 238 | | 新訂　新しいどうとく　2 | | 347円 |
| 239 | | 新訂　新しいどうとく　3 | | 384円 |
| 240 | | 新訂　新しいどうとく　4 | | 401円 |
| 241 | | 新訂　新しい道徳　5 | | 422円 |
| 242 | | 新訂　新しい道徳　6 | | 439円 |
| 243 | | かがやけみらい　しょうがっこうどうとく　1ねん　きづき | 学校図書 | 220円 |
| 244 | | かがやけみらい　しょうがっこうどうとく　1ねん　まなび | | 99円 |
| 245 | | かがやけみらい　小学校どうとく　2年　きづき | | 248円 |

| | 教科 | 書名 | 出版社 | 定価 |
| --- | --- | --- | --- | --- |
| 246 | 道徳 | かがやけみらい 小学校どうとく 2年 まなび | 学校図書 | 99円 |
| 247 | | かがやけみらい 小学校どうとく 3年 きづき | | 285円 |
| 248 | | かがやけみらい 小学校どうとく 3年 まなび | | 99円 |
| 249 | | かがやけみらい 小学校道徳 4年 きづき | | 302円 |
| 250 | | かがやけみらい 小学校道徳 4年 まなび | | 99円 |
| 251 | | かがやけみらい 小学校道徳 5年 きづき | | 317円 |
| 252 | | かがやけみらい 小学校道徳 5年 まなび | | 105円 |
| 253 | | かがやけみらい 小学校道徳 6年 きづき | | 334円 |
| 254 | | かがやけみらい 小学校道徳 6年 まなび | | 105円 |
| 255 | | しょうがくどうとく1 はばたこうあすへ | 教育出版 | 319円 |
| 256 | | 小学どうとく2 はばたこう明日へ | | 347円 |
| 257 | | 小学どうとく3 はばたこう明日へ | | 384円 |
| 258 | | 小学道徳4 はばたこう明日へ | | 401円 |
| 259 | | 小学道徳5 はばたこう明日へ | | 422円 |
| 260 | | 小学道徳6 はばたこう明日へ | | 439円 |
| 261 | | どうとく1 きみがいちばんひかるとき | 光村図書 | 319円 |
| 262 | | どうとく2 きみがいちばんひかるとき | | 347円 |
| 263 | | どうとく3 きみがいちばんひかるとき | | 384円 |
| 264 | | 道徳4 きみがいちばんひかるとき | | 401円 |
| 265 | | 道徳5 きみがいちばんひかるとき | | 422円 |
| 266 | | 道徳6 きみがいちばんひかるとき | | 439円 |
| 267 | | しょうがくどうとく いきるちから1 | 日本文教出版 | 256円 |
| 268 | | しょうがくどうとく いきるちから1 どうとくノート | | 63円 |
| 269 | | 小学どうとく 生きる力2 | | 284円 |
| 270 | | 小学どうとく 生きる力2 どうとくノート | | 63円 |
| 271 | | 小学どうとく 生きる力3 | | 321円 |
| 272 | | 小学どうとく 生きる力3 どうとくノート | | 63円 |
| 273 | | 小学道徳 生きる力4 | | 338円 |
| 274 | | 小学道徳 生きる力4 道徳ノート | | 63円 |
| 275 | | 小学道徳 生きる力5 | | 359円 |
| 276 | | 小学道徳 生きる力5 道徳ノート | | 63円 |
| 277 | | 小学道徳 生きる力6 | | 376円 |
| 278 | | 小学道徳 生きる力6 道徳ノート | | 63円 |
| 279 | | しょうがくどうとく ゆたかなこころ 1ねん | 光文書院 | 319円 |
| 280 | | 小学どうとく ゆたかなこころ 2年 | | 347円 |

| | 教科 | 書名 | 出版社 | 定価 |
|---|---|---|---|---|
| 281 | 道徳 | 小学どうとく ゆたかな心 3年 | 光文書院 | 384円 |
| 282 | | 小学どうとく ゆたかな心 4年 | | 401円 |
| 283 | | 小学道徳 ゆたかな心 5年 | | 422円 |
| 284 | | 小学道徳 ゆたかな心 6年 | | 439円 |
| 285 | | 新・みんなのどうとく1 | 学研 | 319円 |
| 286 | | 新・みんなのどうとく2 | | 347円 |
| 287 | | 新・みんなのどうとく3 | | 384円 |
| 288 | | 新・みんなの道徳4 | | 401円 |
| 289 | | 新・みんなの道徳5 | | 422円 |
| 290 | | 新・みんなの道徳6 | | 439円 |
| 291 | | みんなでかんがえ，はなしあう しょうがくせいのどうとく1 | 廣済堂あかつき | 217円 |
| 292 | | じぶんをみつめ，かんがえる どうとくノート1 | | 102円 |
| 293 | | みんなで考え，話し合う 小学生のどうとく2 | | 245円 |
| 294 | | 自分を見つめ，考える どうとくノート2 | | 102円 |
| 295 | | みんなで考え，話し合う 小学生のどうとく3 | | 276円 |
| 296 | | 自分を見つめ，考える どうとくノート3 | | 108円 |
| 297 | | みんなで考え，話し合う 小学生の道徳4 | | 293円 |
| 298 | | 自分を見つめ，考える 道徳ノート4 | | 108円 |
| 299 | | みんなで考え，話し合う 小学生の道徳5 | | 304円 |
| 300 | | 自分を見つめ，考える 道徳ノート5 | | 118円 |
| 301 | | みんなで考え，話し合う 小学生の道徳6 | | 321円 |
| 302 | | 自分を見つめ，考える 道徳ノート6 | | 118円 |

以上、教科書は非課税

［著者］

**佐藤亮子**（さとう・りょうこ）

奈良県在住。大分県で高校まで過ごし、津田塾大学へ進学。卒業後、大分県内の私立高校で英語教師として2年間教壇に立つ。その後、結婚。以降は専業主婦。長男、次男、三男、長女の順で3男1女を出産した。3兄弟は、難関私立の灘中、灘高等学校（神戸市）、長女は洛南高等学校附属中、洛南高等学校（京都市）に進学。大学受験では4人とも東京大学理科三類（通称「東大理三」）に合格した。4人の子ども全員が東大理三に合格するのは極めて稀なケースで、その子育て法と受験テクニックに注目が集まる。子育てが一段落した現在、中学受験塾・浜学園のアドバイザーを務めながら、全国で講演活動を展開している。子どもたちに読んだ絵本・歌った童謡の数は毎日記録したが、家計簿を緻密につけることには3回挑戦したものの「書く時間が無駄」と思い、毎回2日目に挫折した。現在は極めて大まかに1カ月の収支をノートに書いている。趣味は料理、読書、ビデオ鑑賞。小5のときに『吾輩は猫である』を読んで感動して以来の夏目漱石ファン。運動が苦手なインドア派で、コーヒーか紅茶を片手にコタツで本を読むのが至福のとき。好きな食べものは焼肉、魚料理。この世でいちばん苦手なものは、ちょうちょ。クロアゲハが死ぬほど嫌いで、子どもたちへの絵本の読み聞かせでは『あげは』を夫に読んでもらったほど。

東大理三に3男1女を合格させた母親が教える

**東大に入るお金と時間の使い方**

2020年10月13日　第1刷発行
2022年5月30日　第4刷発行

著　者――佐藤亮子
発行所――ダイヤモンド社
〒150-8409　東京都渋谷区神宮前6-12-17
https://www.diamond.co.jp/
電話／03·5778·7233（編集）　03·5778·7240（販売）

デザイン――井上新八
DTP――――斎藤充（chloros）
イラスト――福田玲子
編集協力――庄村敦子
校正――――鷗来堂
製作進行――ダイヤモンド・グラフィック社
印刷／製本―三松堂
編集担当――斎藤順


ISBN 978-4-478-10835-2
落丁・乱丁本はお手数ですが小社営業局宛にお送りください。送料小社負担にてお取替えいたします。但し、古書店で購入されたものについてはお取替えできません。